刘丽娟　陈云凡　著

人口长期均衡发展与儿童福利体系建设

RENKOU CHANGQI JUNHENG FAZHAN
YU ERTONG FULI TIXI JIANSHE

中国社会出版社
国家一级出版社 · 全国百佳图书出版单位

图书在版编目（CIP）数据

人口长期均衡发展与儿童福利体系建设 / 刘丽娟，
陈云凡著 . -- 北京：中国社会出版社，2023.3
ISBN 978-7-5087-6890-8

Ⅰ. ①人… Ⅱ. ①刘… ②陈… Ⅲ. ①人口增长－
研究－中国②儿童福利－福利制度－研究－中国
Ⅳ. ① C924.24 ② D632.1

中国国家版本馆 CIP 数据核字（2023）第 030963 号

出 版 人：程　伟　　**终 审 人**：魏光浩
责任编辑：李林凤　　**责任校对**：姜婷婷
封面设计：时　捷

出版发行：中国社会出版社　　**地　　址**：北京市西城区二龙路甲 33 号
邮政编码：100032　　**编 辑 部**：(010)58124853
网　　址：shcbs.mca.gov.cn　　**发 行 部**：(010)58124864；58124848
经　　销：新华书店

印刷装订：北京九州迅驰传媒文化有限公司
开　　本：170 mm×240 mm　1/16
印　　张：12.5　　**字　　数**：180 千字
版　　次：2023 年 3 月第 1 版　　**印　　次**：2023 年 3 月第 1 次印刷
定　　价：35.00 元

社工图书专营店　　中国社会出版社微信公众号　　中国社会出版社天猫旗舰店

目　录

前　言

人口战略与人才战略对国家经济、科技和军事的发展具有重大影响，《中共中央　国务院关于优化生育政策促进人口长期均衡发展的决定》，作出实施“三孩”生育政策及配套支持措施重大决策，开启我国人口发展新阶段。党中央从经济社会发展全局高度和国家中长期发展层面谋划人口发展，以系统思维和整体布局最大限度地发挥人口要素对社会经济发展的支撑作用。十年树木，百年树人。当下的儿童福利发展将决定未来三十年之后人口与劳动力的数量与质量。在我国战略格局的构建中，人口发展的重要性提升到更高层面。为全面推进我国人口长期均衡发展，走出一条从享受人口数量红利走向创造人口质量红利的人口发展道路，应统筹推进儿童福利体系建设。

以习近平新时代中国特色社会主义思想为指导，本研究基于对目前我国人口发展变化现状及近些年我国家庭变化的特点与趋势分析，从儿童发展的视角，提出通过加强儿童福利体系建设来改善人口出生率、人口结构失衡等问题，以更好地促进我国人口长期均衡发展。全书分为七章，第一章主要基于第七次全国人口普查数据简单分析阐释了目前我国人口发展变化与现状，提出我国人口长期均衡发展面临挑战；第二章至第六章主要分析了在我国人口长期均衡发展背景下儿童福利体系建设的重要性、儿童福利政策发展史，以及目前我国儿童福利体系建设现状和经济合作与发展组织（Organization for Economic Cooperation and Development，OECD）国家儿童福利政策人口效应等；最后一章，在前面几章研究的基础上，提出优化人口长期均衡发展加快推进我国儿童福利体系建设的政策建议。

鉴于作者水平有限，本书对人口长期均衡发展、儿童福利体系建设的理论思考和建议难免有所局限，书稿内容可能有疏漏和不妥之处，敬请广大读者不吝指正。

第一章

我国人口发展变化与现状

21世纪以来，我国人口发展的内在动力和外在条件发生了转折性变化。人口问题一直是人类社会面临的基础性、全局性、长期性和战略性问题。人口总量是一个国家长远发展的基础，人口规模、结构和分布关乎公共政策的调整和政府治理能力现代化的提升，对一个国家的综合国力影响深远。

一、我国人口呈低速增长与趋于老龄化

现阶段，我国人口发展已进入了深度转型期。第七次全国人口普查数据表明，我国人口发展出现重要转折性变化，即人口总量增长势头明显减弱，以人口老龄化为核心的人口结构性矛盾日益突出。

（一）人口总量增速放缓

我国人口资源丰富。第七次全国人口普查数据（以下简称“七普”数据）显示，全国人口共141178万，与2010年的133972万相比，增加了7206万人，增长5.38%；年平均增长率为0.53%（见图1-1），比2000—2010年的年平均增长率0.57%下降0.04个百分点[①]。数据表明，我国人口10年来继续保持低速增长态势。

---

① 林宝．从七普数据看中国人口发展趋势［J］．人民论坛，2021（5）下：57.

其中，各省份在人口数量方面的区域差异较大，人口数量居前五位的省份合计人口占全国人口的比重为35.09%，分别是山东省、广东省、河南省、江苏省和四川省。与2010年第六次全国人口普查相比，31个省份中，有25个省份人口增加。人口增长最多的3个省份依次为：广东省、浙江省、江苏省，分别增加21709378人、10140697人、6088113人（见表1-1）。

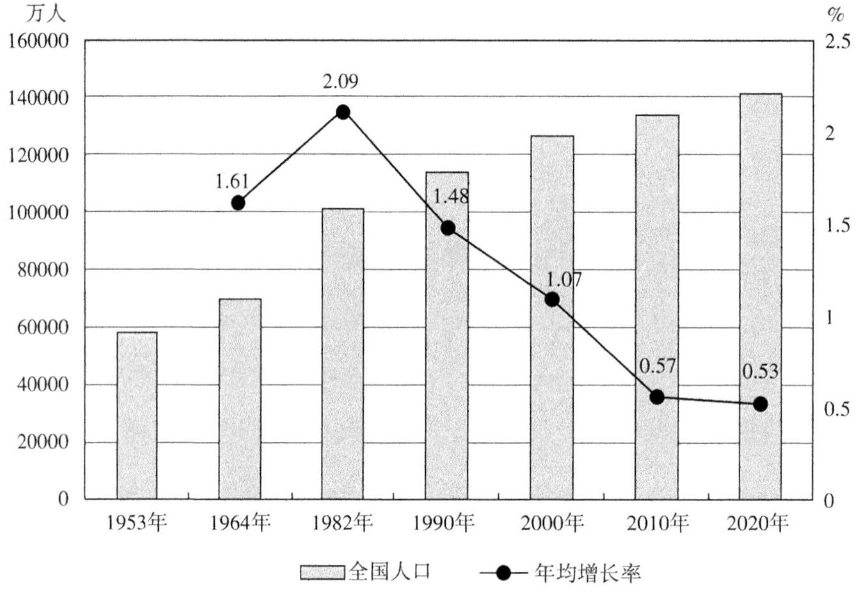

图1-1 历次人口普查全国人口及年均增长率

分区域看，东部地区人口占39.93%，中部地区占25.83%，西部地区占27.12%，东北地区占6.98%。与2010年相比，东部地区人口所占比重上升2.15个百分点，中部地区下降0.79个百分点，西部地区上升0.22个百分点，东北地区下降1.20个百分点。人口向经济发达区域、城市群进一步集聚。

表 1-1　各地区人口　　单位：人、%

地区	人口数	比重	
		2020 年	2010 年
全　国	1411778724	100.00	100.00
北　京	21893095	1.55	1.46
天　津	13866009	0.98	0.97
河　北	74610235	5.28	5.36
山　西	34915616	2.47	2.67
内蒙古	24049155	1.70	1.84
辽　宁	42591407	3.02	3.27
吉　林	24073453	1.71	2.05
黑龙江	31850088	2.26	2.86
上　海	24870895	1.76	1.72
江　苏	84748016	6.00	5.87
浙　江	64567588	4.57	4.06
安　徽	61027171	4.32	4.44
福　建	41540086	2.94	2.75
江　西	45188635	3.20	3.33
山　东	101527453	7.19	7.15
河　南	99365519	7.04	7.02
湖　北	57752557	4.09	4.27
湖　南	66444864	4.71	4.90
广　东	126012510	8.93	7.79
广　西	50126804	3.55	3.44
海　南	10081232	0.71	0.65
重　庆	32054159	2.27	2.15
四　川	83674866	5.93	6.00

续表

地区	人口数	比重	
		2020 年	2010 年
贵　州	38562148	2.73	2.59
云　南	47209277	3.34	3.43
西　藏	3648100	0.26	0.22
陕　西	39528999	2.80	2.79
甘　肃	25019831	1.77	1.91
青　海	5923957	0.42	0.42
宁　夏	7202654	0.51	0.47
新　疆	25852345	1.83	1.63
现役军人	2000000		

数据来源：国务院第七次全国人口普查办公室．2020 年第七次全国人口普查主要数据［M］．北京：中国统计出版社，2021.

（二）人口年龄结构趋于老龄化

“七普”数据显示，总人口中，0～14 岁人口占 17.95%，15～59 岁人口占 63.35%，60 岁及以上人口占 18.7%，65 岁及以上人口占 13.5%。全国共有家庭户 49416 万户，家庭户人口为 129281 万，平均每个家庭户的人口为 2.62 人，比 2010 年的 3.10 人减少 0.48 人[①]。以上数据呈现出了我国已经出现老年人口比重超过儿童比重、老龄化更加严重、生育水平已处于超低水平、家庭户规模进一步缩小等新的人口现象。

1. 老龄化程度明显加深

与 2010 年第六次全国人口普查数据相比，“七普”数据显示 60 岁

① 林宝．从七普数据看中国人口发展趋势［J］．人民论坛，2021（5）下：57.

及以上人口的比重上升 5.44 个百分点，65 岁及以上人口的比重上升 4.63 个百分点。与上个十年相比，上升幅度分别提高了 2.51 个百分点和 2.72 个百分点。根据预测[①]，在总和生育率保持 1.3 的情况下，中国最晚将在2033 年左右进入重度老龄化（65 岁及以上人口比例大于 21%），2045 年以前进入极度老龄化（65 岁及以上人口比例大于 28%）。

2. 劳动力供给下降，人口红利接近尾声

“七普”数据显示，15~59 岁劳动年龄人口比 2020 年少 4000 多万。劳动年龄人口减少将引起劳动力供给下降，人口红利由盛转衰。实际上，我国从 2017 年开始劳动力人口数量已经下降，影响已经开始显现。根据预测[②]，到 2035 年，15~59 岁劳动年龄人口将下降至 8 亿以下，15~64 岁劳动年龄人口将下降至 9 亿以下。人口红利被认为是中国经济腾飞的重要原因，有研究认为，20 世纪 70 年代末以来中国通过改革开放达到的高速增长成就，得益于人口红利。近年来，随着劳动力年龄人口负增长和劳动力负增长相继到来，人口红利正处于下降通道，并将在大约 10 年后退出人口红利期。显然，随着人口红利期即将终结，中国原有劳动力低成本优势不再，依赖于充足的劳动力而形成的比较优势也将慢慢丧失，实现经济结构转型升级，寻找新的增长源成为重要任务。

二、家庭结构趋于小型化和少子化

家庭变化的背后是人口总量、结构与区域分布的变化。近些年来，

---

① 林宝．从七普数据看中国人口发展趋势［J］．人民论坛，2021（5）下：57.

② 同①.

我国人口规模、结构、素质，以及居住和生活方式都发生了巨大的变化。

（一）家庭规模小型化和家庭户数快速增长

“七普”数据显示，2020 年全国共有家庭户 4.94 亿户，相比 2010 年的 4.02 亿户增加 9264 万户，增长 23.1%，年均增长 2.08%，家庭户数量增幅显著高于人口增幅，且增幅及增速明显提升[①]。但是，同时也发现，家庭户结构整体呈现出家庭规模小型化，越来越多的大家庭“裂变”为小家庭。2010 年平均每个家庭户的人口为 3.10 人，2020 年平均每个家庭户的人口为 2.62 人，比 2010 年的 3.10 人减少了 0.48 人。据相关研究测算，2025 年前后，我国家庭户均人口将稳定在 2.5 人左右的水平。[②]

（二）独居老人和纯老家庭数量增长明显

家庭类型以核心家庭（夫妻与未成年子女组成的家庭）为主导，此外，单人家庭、单亲家庭、丁克家庭、隔代家庭数量大幅增加，占比呈现上升趋势。城市核心家庭中大多都是仅有父母子女两代人组成的三口之家，三代同堂的直系家庭越来越少，大多数城市核心家庭与其祖辈家庭保持着单独居住、频繁往来、同地而处、分而不离的关系。尤其是近些年，随着人口老龄化和家庭小型化发展，我国孤寡独居老人数量迅速增加，各地也屡屡出现老人“孤独死”的现象，引起了全社会的

---

① 国务院第七次全国人口普查办公室．2020 年第七次全国人口普查主要数据［M］．北京：中国统计出版社，2021：28.

② 傅崇辉，傅愈，伍丽群，等．中国家庭户规模结构变动及其对居民消费的影响［J］．人口研究，2021（1）．

重视。

2000年我国65岁及以上孤寡老人户为783.51万户，占当年同龄老年家庭的11.5%；2010年我国65岁及以上孤寡老人户增加到1443.97万户，占当年同龄老年家庭的16.4%。2000—2010年我国65岁及以上孤寡老人户增加660.46万户（年均增加66.05万户），增长了84.3%，年平均增长率达到6.30%。“七普”数据显示，2020年我国65岁及以上老年人口1.91亿，占比13.5%。与2010年相比65岁及以上人口的比重上升了4.63个百分点。平均家庭户人口从2010年的3.10人减少到了2.62人，家庭户结构整体呈现出家庭规模小型化趋势。从养老的角度看，家庭规模的进一步缩小也预示着空巢率的上涨和家庭养老功能的进一步弱化。“空巢”家庭和单身老人户数的增加，其主要原因有两个，第一，老龄化程度加深和人口频繁的迁移流动，特别是劳动年龄人口的大量迁移流动；第二，人口预期寿命的延长，相当部分的低龄老年人经济生活独立，具备自理分居的能力。

（三）儿童人口占总人口的比例开始减少

“七普”数据显示，2020年中国新出生人口为1200万，比2019年下降了18%，比刚刚放开“二胎”的2016年下降了33%，几乎成为新中国有记录以来新出生人口和出生率最低的一年[①]。按照这个数字推算，中国目前的生育率为1.3。虽然1200万的出生人口比上一代人少了一半，但这不是最低，中国的出生率和生育率在未来10年将继续下降。目前的生育主力是22岁到35岁的女性。在2020年，这个育龄高峰年

① 国务院第七次全国人口普查办公室.2020年第七次全国人口普查主要数据［M］.北京：中国统计出版社，2021：109.

龄段对应的是在1985—1998年出生的女性。根据现有的人口统计数据可以看到，未来10年，中国处于22岁到35岁育龄高峰年龄段的女性相比现在将锐减30%以上。如果没有强力的政策干预，中国的新出生人口很可能在未来几年降到1000万人以下，生育率会更低。

高龄化与少子化是一个问题的两面，这会导致“空巢”期来得更早并且持续的时间更长。待“独生子女潮”的父母们逐渐步入高龄之际，家庭照料与护理的需求与供给能力之间会形成较大的缺口。

（四）流动家庭、留守家庭比重上升

目前，人口发展已从生育主导转向了迁移主导。“七普”数据显示，2020年人户分离人口达到4.9亿，占全国人口的34.9%。与2010年相比，10年间增长了89%，流动人口规模达到近3.8亿，占总人口的26.6%，10年增长了近70%，全国流动家庭平均户规模为2.59人①。流动人口的流动方式呈现以家庭为单位而迁移的新特征。从全国的情况看，近九成的已婚新生代流动人口为夫妻二人一起流动，60%的家庭为配偶和子女一起流动，携带老人流动的家庭也逐渐增多。

国家统计局2021年5月公布的数据显示，从城乡结构看，居住在城镇的人口为9.02亿，占比63.89%，比2010年第六次全国人口普查上升了14.21%；居住在乡村的人口为5.09亿，占比36.11%；2020年我国户籍人口城镇化率为45.4%。全国人户分离人口（即居住地与户口登记地所在的乡镇街道不一致且离开户口登记地半年以上的人口）为4.93亿，比2010年第六次全国人口普查增长了88.52%；其中流动

---

① 乔晓春．从七普数据看中国人口发展、变化和现状［J］．人口与发展，2021，27（4）：15.

人口为 3.76 亿，比 2010 年增长 69.73%。在流动人口中，跨省流动人口为 1.25 亿，省内流动人口为 2.51 亿。[①]

与以往流动人口单身迁移不同，“十二五”期间，举家外出的农民工比例大幅上升，家庭化趋势开始凸显，即留守妇女、儿童、老人等群体随流比例在提高。流动人口动态监测数据显示[②]，近九成的已婚新生代流动人口是夫妻双方一起流动，携带配偶、子女的比例约占 60%。流动儿童的数量迅速增加，2014 年流动人口子女在现居住地出生的比例达到 56.6%，比 2010 年大幅提高了 29.1 个百分点，流动人口随迁子女在流入地公办学校就读的比例超过 80%。携带老人共同流动的比例也在上升。2015 年 60 岁及以上的流动老人占全部流动人口的 7.2%，其中 60~69 岁的占 78%，70~79 岁的占 18%，80 岁及以上的高龄流动老人不到 5%，低龄老年人是流动老人的主力军；照顾晚辈（43%）、养老（25%）与就业（23%）是老人流动的三大主要原因。

另外，从总体看，我国的人口数量正处在从正增长向负增长的转折点，未来面临的将是长期，甚至可能是快速的人口负增长，与此相伴随的是劳动年龄人口数量和比例持续下降、老年人口数量和比例迅速上升。除了人口结构变化外，流动人口会出现分化，其中一部分人，特别是年轻人会继续甚至持续在现居住地工作和生活，另一部分人会向户籍地回流，江苏省、重庆市和贵州省已经出现一些回流迹象，而且近年来北京、上海等一线大城市人口数量也在持续减少。另外，由于出生人口性别结构的长期失衡带来的社会问题也将越来越突

① 国务院第七次全国人口普查办公室．2020 年第七次全国人口普查主要数据［M］．北京：中国统计出版社，2021：81.

② 国家卫生和计划生育委员会．中国流动人口发展报告 2016［J］．青春期健康：家庭文化，2016（11）：2.

出。如果说中国过去的人口问题是人口数量多，解决问题的办法是直接控制人口过快增长，那么未来的人口问题将是人口结构老龄化，解决问题的办法不是直接干预或改变人口结构，而是通过调整社会结构，包括教育、卫生、就业、福利、保障、产业结构等，使之顺应人口结构的快速变化。我国未来的人口问题，已经不再是人口如何适应社会经济发展的问题，而是社会经济转型如何适应人口变化的问题，我国将面临越来越严峻的挑战。

三、我国人口长期均衡发展面临数量与质量方面的挑战

2020年，我国出生人口为1200万，育龄妇女总和生育率为1.3①，跌破了总和生育率1.5的“高度敏感警戒线”，意味着我国人口进入低生育率时代。在人均GDP超过1万美元的国家中，仅韩国总和生育率低于我国。我国人口数量增加受到各方面的挑战。

（一）儿童发展的两种视角

学术界对于幼儿人口的研究主要基于两种视角：一是关于幼儿人口增长速度的研究。该视角主要围绕“低生育率陷阱”展开。“低生育率陷阱”认为总和生育率1.5是一个国家或地区人口形态的分界线。如果

① 国务院第七次全国人口普查办公室.2020年第七次全国人口普查主要数据［M］.北京：中国统计出版社，2021：110.

低于分界线后，人口增长会陷入“低生育率陷阱”①。“低生育率陷阱”是一种锁定效应，总和生育率降到 1.3 或 1.4 的国家想要提高生育率会面临更大的困难②。“低生育率陷阱”在我国也受到学者们的关注。有学者基于中国生育现实数据，认为中国已经进入了“低生育率陷阱”的高风险期③；有学者认为由于长期低生育的人口负惯性作用以及持续低迷的生育意愿，未来中国的生育率可能会进一步下降；更有学者认为中国实际上已经陷入“低生育率陷阱”④。在对我国生育率下降原因解释中，有学者认为母职惩罚强度不断增大抑制了育龄妇女生育意愿⑤；有学者认为房价上涨会提高生育成本⑥；有学者认为不仅生育成本上升，而且阶层认同和社会流动预期也会抑制生育意愿⑦。从现有研究来看，学界普遍关注人口增长速度的锁定问题，人口增长速度一旦偏离了均衡路径，就会掉入“低生育率陷阱”，诸多的人口刺激手段都面临失效的困境。也有学者认为配套支持的社会政策会对人口生育起到一定的刺激作用。实施有效的社会政策成为支持和服务生育，促进实现人口长

---

① 郭俊缨，张伊杨．中国人口发展重大转向：从数量型到质量型人口红利［J］．人口与健康，2021（6）：27-30.

② 吴帆．低生育率陷阱究竟是否存在：对后生育率转变国家（地区）生育率长期变化趋势的观察［J］．人口研究，2019，43（4）：50-60.

③ 陈友华，苗国．低生育率陷阱：概念、OECD 和“金砖四国”经验与相关问题探讨［J］．人口与发展，2015，21（6）：7-18.

④ 吴帆．欧洲家庭政策与生育率变化：兼论中国低生育率陷阱的风险［J］．社会学研究，2016，31（1）：49-72.

⑤ 申超．扩大的不平等：母职惩罚的演变（1989—2015）［J］．社会，2020，40（6）：186-218.

⑥ 郭玲，姜晓妮．高房价、低生育率：难道真是房价惹的祸：中国商品住宅价格对生育率的空间溢出效应研究［J］．现代财经（天津财经大学学报），2018，38（11）：34-48.

⑦ 陈卫民，李晓晴．阶层认同和社会流动预期对生育意愿的影响：兼论低生育率陷阱的形成机制［J］．南开学报（哲学社会科学版），2021（2）：18-30.

期可持续发展的重要公共政策议题①。有学者研究荷兰从经济上减轻育儿成本的政策效果②；有学者研究指出托幼服务对欧洲家庭生育决策存在显著的正向影响，而现金补贴并未产生预期的作用③。二是关于幼儿人口发展质量的研究。儿童早期人力资本是20世纪70年代就得到关注的议题。相关研究表明，父母对于儿童早期发展重要性的预期会影响其投资行为④。在早期获得较大投资的儿童在未来有更优异的学业表现、更高的收入水平以及更健康的生活⑤。幼儿时期投资差异能部分解释个体成年后的工资差异⑥。如果早期人力资本投资不足，则在生命周期的后期阶段需要进行大量投资才能得以弥补。根据国际经验，充分利用个体发展的敏感期和关键期会起到事半功倍的效果，儿童早期投资越早干预效果越明显。对于未来将跻身于高收入国家行列的中国，为早期人力资本提供高质量的政策支持尤为重要⑦。基于人力资本理论，有些专家认为，在人口增长速度下降趋势不可改变的前提下，应重点提升人口发展质量，尤其是加大对幼儿的投资，让人口增长从数量型向质量型转

---

① 任远．低生育率社会的家庭制度建设［J］．探索与争鸣，2021（1）：137-143.

② 周云，彭书婷．低生育率危机下的荷兰生育激励政策［J］．人口学刊，2021，43（2）：98-112.

③ 朱荟，陆杰华．现金补贴抑或托幼服务？欧洲家庭政策的生育效应探析［J］．社会，2021，41（3）：213-240.

④ HUNT M V. Intelligence and experience［J］. Studies in Philosophy & Education, 1963, 3（1）：105-109.

⑤ CARNEIRO P, Meghir C, Parey M. Maternal Education, Home Environments and the Development of Children and Adolescents［J］. Journal of the European Economic Association, 2013, 11.

⑥ CUNHA F, HECKMAN J. The Technology of Skill Formation［J］. The American Economic Review, 2007.

⑦ 弗拉维奥·库尼亚，李珊珊，王博雅，等．投资儿童早期人力资本：儿童早期发展项目设计的经济理论、数据及启示［J］．华东师范大学学报（教育科学版），2019，37（3）：157-163.

变。基于人口增长速度的视角强调“锁定效应”，而基于人口发展质量的视角强调质量对数量的“替代效应”。我国要追求幼儿人口发展速度与质量均衡，既要摆脱人口增长路径的“锁定效应”，也要发挥质量对数量的“替代效应”。因此，数量与质量耦合是评价我国人口长期发展均衡的基本指标。本书第五章试图通过对2013年我国逐步放松人口政策以来，我国省级幼儿人口增长速度子系统与发展质量子系统的耦合状况进行评估，为“三孩”出台配套政策和推动我国人口长期均衡发展提供相关政策支持。

（二）人口增长数量方面的挑战

根据中国人民大学中国调查与数据中心（NSRC）与全国23所高校和社科院合作在全国范围内展开的调查，按照育龄妇女的年龄段惯用规定，从数据库中选取15~49岁年龄段的调查样本看，性别比例基本平衡，男性占比46.4%，女性占比53.6%；文化程度以初中和高中为主；经济发展水平与阶层分布基本集中在中间层次；年龄段分布基本合理，以“70后”和“80后”为主；预期子女数量与有子女数量的均值与当前生育状况比较吻合；家庭总支出、住房支出、教育支出和食品支出与我国居民生活状况基本相符，见表1-2。

表1-2　调查样本基本特征

性别	个案数	有效百分比（%）	教育程度	个案数	有效百分比（%）
男（=1）	2664	46.4	小学及以下（=1）	1059	18.5
女（=2）	3083	53.6	初中（=2）	1603	27.9
总计	5747	100.0	高中、中专（=3）	1143	19.9
			大专（=4）	733	12.8

续表

城乡	个案数	有效百分比（%）
城市（=1）	4009	69.8
农村（=2）	1738	30.2
总计	5739	100.0

教育程度	个案数	有效百分比（%）
本科（=5）	1036	18.1
研究生及以上（=6）	165	2.9
总计	5747	100.0

社会阶层	个案数	有效百分比（%）
最底层（=1）	457	8.0
下层（=2）	432	7.6
中下层（=3）	857	15.0
中层（=4）	1019	17.9
中上层（=5）	1880	32.9
上层（=6）	717	12.6
顶层（=7）	344	6.0
总计	5706	100.0

经济发展水平	个案数	有效百分比（%）
远低于平均水平（=1）	335	5.9
低于平均水平（=2）	1859	32.5
平均水平（=3）	3110	54.4
高于平均水平（=4）	392	6.9
远高于平均水平（=5）	20	0.3
总计	5716	100.0

变量	均值	标准差
预期子女数量（个）	1.85	0.78
有子女数量（个）	0.79	0.83

年龄段[a]	个案数	有效百分比（%）
70后（=1）	2622	45.6
80后（=2）	1844	32.1
90后（=3）	1281	22.3
合计	5747	100.0

工资率	个案数	有效百分比（%）
2016年总支出（元）	81276.48	139899.37
2016年食品支出（元）	17023.39	15483.36
2016年住房支出（元）	14552.86	65200.83
2016年教育支出（元）	10155.99	53462.18

注：a：70后指出生在1979年之前的调查对象，80后指出生在1980年至1989年的调查对象，90后指出生在1990年之后的调查对象。

1. 人口控制进入自发性节育阶段

马尔萨斯将人口控制分为“预防控制”（preventivechecks）与“积极抑制”（positivechecks）两种。“预防抑制”指通过限制生育等手段控制人口增长的方式；“积极抑制”指人口无节制地增长直至日益增长的贫困导致死亡率上升。而“预防抑制”通过两种手段进行：政府强制性节育与家庭自发性节育。

西方社会生育率经历了三个时期：第一个阶段为自然生育期。该阶段指在没有避孕节育的概念和措施的前提下，按照正常的生理节奏和自然的生活方式，一个妇女终生所能生育的孩子数。在人口转变发生之前的原始社会和传统农业社会，人类基本保持这样的自然生育率，每个妇女的平均生育数达到6~7个。根据人口发展规律，生育率如能维持在2.1，下一代人就能够替代上一代人，因此，生育率2.1称之为替代生育率。在该阶段意愿生育率高于实际生育率，人口生育率高于替代生育率，人口总量处于上升阶段。第二阶段为节制生育期。随着医疗技术的进步，廉洁实用的避孕工具的广泛使用，以及工业化发展对劳动力的需求，意愿生育率与实际生育率都处于下降趋势，且意愿生育率与替代生育率逐步接近。第三阶段为抑制生育期。该阶段意愿生育率基本维持在2.0左右，但是由于受到政策抑制或质量替代数量自发节制等因素的影响，实际生育率低于意愿生育率。

中华人民共和国成立以来，我国人口也经历了三个发展阶段：第一阶段为自然生育阶段。自新中国成立至20世纪70年代，在经历了百年战乱之后，人民生活稳定，生育意愿较高，我国人口出生率迎来增长高峰。第二阶段为强制节育阶段。自20世纪70年代开始至2013年，我国政府推行强制性节育政策。在计划生育政策实施阶段，我国人口实际生育率低于意愿生育率，总人口数量增长速度得到控制。第三阶段为自发抑制生育阶段。自2013年开始，我国根据人口发展的新常态，逐步实施了“单独二孩”“全面二孩”“三孩”政策，从强制节育向刺激生育意愿转变。近20年，我国人口出生率整体呈下降趋势，在“单独二孩”“全面二孩”政策放开后，短期对人口出生率产生了一定的提升作用，但并没有改变长期下降趋势，见图1-2。

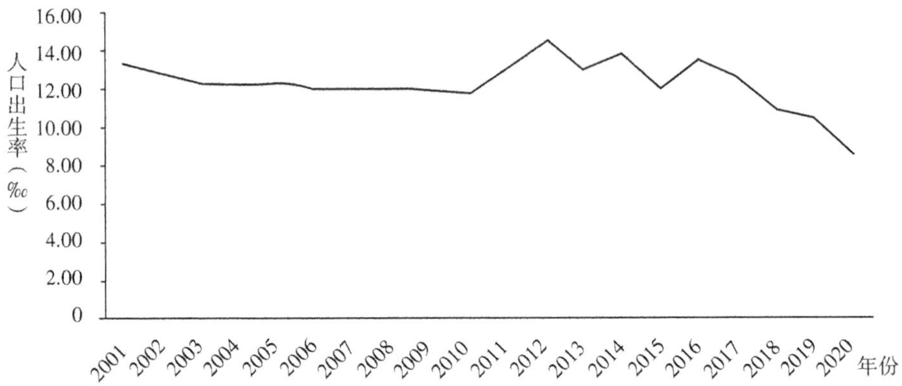

图1-2　2001—2020年我国人口出生率变化

数据来源：《中国统计年鉴2020》。

2. 生育意愿总体不高

许多发达国家和新兴发展中国家的调查表明，人们的生育意愿仍然保持在2左右①。中国综合社会调查（2017）数据显示：在没有政策限制的情况下，66.0%的人预期子女数量为“2个”，22.9%的人预期子女数量为“1个”，8.6%的人预期子女数量为“3个及以上”，2.5%的人预期子女数量为“0个”，见表1-3。男女对于预期子女数量差异不显著。预期子女为“一男一女”是比较理想的类型。“七普”调查数据显示：2020年我国育龄妇女总和生育率为1.3②。当前我国实际生育率已经低于意愿生育率。这一方面说明我国实际生育率提升尚存在空间，另一方面也说明我国家庭生育决策趋于理性，进入了自发节育阶段。

① 丁金宏，程晨，吴航，等．生育行为的社会动力演化及生育政策响应：基于华东地区2017年生育状况抽样调查数据的分析［J］．人口研究，2019，43（5）：17-27.

② 国务院第七次全国人口普查办公室．2020年第七次全国人口普查主要数据［M］．北京：中国统计出版社，2021：110.

表 1-3 期望子女数量

预期子女数量		频率	百分比(%)	有效百分比(%)	累计百分比(%)
有效数据	0 个	142	2.5	2.5	2.5
	1 个	1274	22.2	22.9	25.4
	2 个	3680	64.0	66.0	91.4
	3 个及以上	478	8.3	8.6	100.0
	总计	5574	97.0	100.0	
缺失数据	系统	173	3.0		
总计		5747	100.0		

以预期子女数量为因变量，年龄段和城乡为自变量，建立多元 logistic 分析模型。分析结果表明：模型通过 0.05%的显著检验，具有统计意义。70 后和 80 后的生育意愿高于 90 后，与预期无子女相比，70 后、80 后预期生一个子女的概率分别是 90 后的 3.21 倍和 2.565 倍，预期生两个子女的概率分别是 90 后的 3.773 倍和 2.389 倍，预期生三个及以上子女的概率分别是 90 后的 5.562 倍和 3.650 倍（见表 1-4）。城市户籍调查对象的生育意愿低于农村户籍的调查对象。与预期无子女的相比，城市户籍调查对象的生育意愿预期生一个子女的概率是农村户籍调查对象的 0.581 倍，预期生两个子女的概率是农村户籍调查对象的 0.385 倍，预期生三个及以上子女的概率是农村户籍调查对象的 0.353 倍。这说明，一是人口增长压力较大。70 后、80 后是我国当前人口生育的主力军，90 后的生育意愿较低。这昭示未来我国人口增长压力较大。二是生育文化影响生育意愿。受“多子多福”“养儿防老”等传统文化影响较大的 70 后、80 后，以及户籍为农村的调查对象保持了较高

的生育意愿。三是生育成本抑制生育意愿①。城市高房价等因素抑制了城市适龄人员的生育意愿。

表 1-4　预期子女数量的多元 logistic

预期子女[a]		B	标准误差	瓦尔德	自由度	显著性	Exp (B)	Exp (B) 的 95%置信区间	
								下限	上限
1 个	截距	1.938	0.259	55.842	1	0.000			
	70 后	1.166	0.221	27.940	1	0.000	3.210	2.083	4.946
	80 后	0.942	0.214	19.352	1	0.000	2.565	1.686	3.904
	90 后	0[b]	.	.	0	.	.	.	.
	城市	-0.543	0.252	4.657	1	0.031	0.581	0.355	0.951
	乡村	0[b]	.	.	0	.	.	.	.
2 个	截距	3.247	0.251	167.806	1	0.000			
	70 后	1.328	0.213	38.955	1	0.000	3.773	2.486	5.724
	80 后	0.871	0.206	17.848	1	0.000	2.389	1.595	3.578
	90 后	0[b]	.	.	0	.	.	.	.
	城市	-0.955	0.245	15.162	1	0.000	0.385	0.238	0.622
	乡村	0[b]	.	.	0	.	.	.	.
3 个及以上	截距	0.934	0.282	10.936	1	0.001			
	70 后	1.716	0.248	47.834	1	0.000	5.562	3.420	9.045
	80 后	1.295	0.246	27.753	1	0.000	3.650	2.255	5.908
	90 后	0[b]	.	.	0	.	.	.	.
	城市	-1.042	0.262	15.867	1	0.000	0.353	0.211	0.589
	乡村	0[b]	.	.	0	.	.	.	.

注：a. 参考类别为：0.000 个。

b. 此参数冗余，因此设置为零。

① 丁金宏，程晨，吴航，等．生育行为的社会动力演化及生育政策响应：基于华东地区 2017 年生育状况抽样调查数据的分析［J］．人口研究，2019，43（5）：17-27.

3. 儿童生育养育经济成本较高

社会个体的生育行为是一项与经济利益相关的经济决策，它是个体在能够获得的收益和需要支付的成本之间的权衡过程。贝克尔使用“成本-效用”理论来分析家庭生育决策，将消费者选择理论转化为生育抉择理论。相关调查显示，育儿成本已经占到中国家庭平均收入的近50%，在我国一个孩子从出生到5周岁平均花费6.3万元，其中，城镇、农村分别为9.4万元和4.6万元[①]。

根据中国综合社会调查（2017）数据，以总支出、教育培训支出、住房支出和食品支出为因变量，以教育程度、经济发展水平、城乡户籍和子女数量为自变量，建立回归模型。4个回归模型均通过显著性检验，表明模型具有一定的解释能力，见表1-5。分析结果表明：在控制教育程度、城乡户籍以及经济发展水平因素之后，子女数量与家庭总支出、教育培训支出、住房支出和食品支出呈正相关关系，且均通过了显著性检验。这说明随着子女数量的增加，养育的经济成本也呈上升趋势。

多项国内外有关生育意愿的调查表明，养育孩子的费用是人口考虑生育与否的重要因素。最早始于1940年，每5年开展一次，一直延续至今的日本厚生劳动省生育调查表明：在1982年时已经有46.3%的被调查者在考虑生育问题时考虑自身的经济条件，进入21世纪，这一比例上升到65%[②]。因此，养育经济成本提升在一定程度上会抑制生育意愿。照料压力、养育成本、女性的职业发展，以及追求生活质量等因素，对生育意愿和生育行为的约束增强了。对我国住房价格变化与生育

① 王颖，龙宇琦．生育成本的降低与生育率：基于多国经验及数据的研究［J］．理论月刊，2018（12）：177-182.

② 同①.

率变化的关系研究表明：房价每提升 1%，已婚女性生育一胎的概率将显著降低 0.14%。房价每提升 1%，已婚女性生育二胎的概率将显著降低 0.06%①。房价上涨对已婚女性生育率产生了显著的负面影响，说明我国人口生育率受到经济成本影响较大。随着住房、教育、食品等方面的价格迅速提升，将对我国家庭生育决策产生较为显著的抑制效应。

表 1-5　　家庭支出的回归分析结果

变量	模型 1（总支出）		模型 2（教育培训支出）		模型 3（住房支出）		模型 4（食品支出）	
	标准化系数	t 值	标准化系数	t 值	标准化系数	t 值	标准化系数	t 值
常量		−0. 301		−0. 626		−. 060		2. 686
教育程度	0. 040**	1. 609	0. 010	0. 407	0. 011	. 441	0. 058*	2. 460
城乡户籍	−0. 154*	−6. 045	−0. 011	−0. 441	−0. 056*	−2. 248	−0. 267*	−11. 154
经济发展水平	0. 179*	7. 089	0. 062**	2. 501	0. 070**	2. 854	0. 173*	7. 250
子女数量	0. 079*	3. 125	0. 059*	2. 399	0. 045*	1. 808	0. 079*	3. 343
F 值	27. 087*		2. 980**		20. 436*		53. 486*	
R^2	0. 260		0. 08		0. 217		0. 345	

注：* 表示 P<0. 001；** 表示 P<0. 05。

4. “母职惩罚”问题渐显

“母职惩罚”（Motherhood Penalty）又称生育惩罚，是指在劳动力市场中，女性由于生育而对其自身职业发展造成的负面影响。生育惩罚也可以理解为无酬劳动与有酬劳动在有限时间和精力分配中的博弈问

① 李志龙，陈技伟，冯帅章．房价上涨对已婚女性生育率的影响［J］．劳动经济研究，2020，8（5）：22-46.

题——效用函数中无酬劳动的权重越大，受到生育惩罚的可能性就越大。由于单位担心女性员工的生育行为会影响绩效表现，以及社会对于违背主流价值观终身未生育女性的偏见，在一定程度上也引发了超前生育惩罚。有国外研究表明，只有一个孩子的母亲工资率比非母亲低3%~10%；有两个或更多孩子的母亲工资率比非母亲低6%~20%；母亲每多生一个孩子会造成工资率降低3.7%~7.3%①。国内相关研究估计女性生育一个子女会造成工资率下降20%左右，非正规就业女性生育当年对工资率的负面影响达到18%②。

工资率是反映母职惩罚的一项重要指标。本部分依据每个月工作4.2周，将调查对象的年劳动工资总收入转化为每小时工资（即工资率）。调查数据显示：一是女性的工资率相当于男性工资率的77.53%。女性工资率的均值为24.30元（标准差为45.13），男性的工资率为31.34元（标准差为62.19）。二是“有两个以上孩子母亲”的工资率是最低的。有“两个以上孩子”的70后、80后和90后母亲的工资率分别为16.59元、18.89元和12.31元，均低于“无子女女性”和“有一个孩子母亲”的各年龄段工资率，见表1-6。三是80后有孩子的母亲受到的母职惩罚最大。80后年龄段，无子女女性的工资率为52元，有一个孩子母亲的工资率为27.53元，与“无子女女性”相比降低了47.06%；有两个以上孩子母亲的工资率为18.89元，与“无子女女性”相比降低了63.67%。四是90后有孩子母亲的工资率是最低的。90后年龄段，有一个孩子母亲的工资率为15.87元，有两个以上孩子母亲的

① ARZHENOVSKIY S, ARTAMONOVA D. Econometric Estimation of the Wage Penalty for the Motherhood [J]. Applied Econometrics, 2007, 7 (3-4): 531-538.

② 廖敬仪，周涛. 女性职业发展中的生育惩罚 [J]. 电子科技大学学报，2020，49（1）：139-154.

工资率为 12.31 元。

表 1-6　女性工资率分布

子女数量	年龄段	平均值	个案数	标准差
无子女女性	70 后	20.82	412	45.73450
	80 后	52.00	118	68.70457
	90 后	25.71	222	45.85834
	总计	27.16	752	51.17144
有一个孩子母亲	70 后	22.12	399	43.13774
	80 后	27.53	314	44.01833
	90 后	15.87	45	22.51411
	总计	23.99	758	42.66075
有两个以上孩子母亲	70 后	16.59	128	28.77812
	80 后	18.89	161	40.56877
	90 后	12.31	12	11.73485
	总计	17.65	301	35.15484

女性工资率受到户籍、教育程度、工作类型、社会阶层等因素影响。以女性工资率为因变量，以教育程度、年龄段、有无签订劳动合同、城乡户籍、社会阶层和子女数量为自变量，建立回归模型。模型通过显著性检验，并具有一定的解释度，见表 1-7。分析结果表明：一是女性工资率与教育程度关系不显著。这说明女性人力资本投资回报率较低。二是女性工资率与工作经验相关。随着工作经验增加，女性工资率会得到一定程度的提升。三是正规就业的女性工资率高于非正规就业女性的工资率。签订了劳动合同的女性工资率要高于未签订劳动合同的女性工资率。四是女性工资率与子女数量呈负相关关系。随着子女数量增加，女性的工资率下降。这说明女性因生育和照顾子女容易受到工资高、工作条件好、就业稳定、职业有保障、权利较平等、在工作制度的

行政管理上有适当的程序和规则，并有较多晋升机会的主要劳动市场排斥，主要就业于次要劳动市场。

表 1–7　女性工资率影响因素的回归分析

变量	未标准化系数		标准化系数	T 值
	B 值	标准误差		
常量	−11.387	16.483		−.691
教育程度	4.817	4.367	0.033	1.103
年龄段	−3.211	1.600	−0.061**	−2.006
有无签订劳动合同	13.142	2.619	0.156*	5.018
城乡户籍	−8.164	4.061	−0.063*	−2.010
社会阶层	6.994	2.480	0.085*	2.820
子女数量	−3.133	1.872	−0.051**	−1.673
F 值	9.438*			
R^2	0.225			

注：*表示 P<0.001；**表示 P<0.05。

（三）人口发展质量方面的挑战

近年来，我国人口发展质量显著提升。近 10 年间，我国人口教育水平又有了新的较大幅度跨越，我们可在高等教育大众化时代收获更多“人口质量红利”。2020 年，大陆地区每 10 万人中具有大学文化程度的达 15467 人，比 2010 年“六普”时高出 6537 人，高中文化程度的相应比例同期也有升高，初中文化程度、小学文化程度比例以及不识字率则在降低[①]。但伴随社会环境的变化，也出现了一些新问题和新挑战。

① 国务院第七次全国人口普查办公室 . 2020 年第七次全国人口普查主要数据［M］. 北京：中国统计出版社，2021：11.

1. 数据来源与样本特征

此部分使用的数据来自 2018 年全国妇联与湖南省妇联委托项目“家庭教育立法可行性调查研究”。调查对象总体为全国幼儿园、小学、初中和高级中学在校学生家长。调查采用多阶段整群随机抽样方法，以区县学生人数为基础。首先，采用 PPS 法从全国所有区县中选取 50 个区县。然后采用系统随机的方法，从各县各抽取 2 所高中、2 所初中、2 所小学和 2 所幼儿园。选取抽选的学校在校学生家长作为调查对象。每个家长填写一份问卷。调查的最终样本包括 20 个省市的 80 所高中（包括高职）、80 所初中、80 所小学和 80 所幼儿园。问卷通过问卷星网络平台发放，共收回问卷 24152 份。经过严格筛选和剔除无效问卷，有效问卷为 22286 份。研究采用多重插补法处理分析样本中的缺失值。将统计模型中使用的所有变量纳入多重插补计算模型，并对缺失值进行插补后得到 10 个独立的数据集，对该数据集进行统计分析，最后对分析结果进行总结。本部分所有的描述性统计和模型输出都是缺失值处理后的结果。多重插值的结果与直接删除法相似。变量的描述性统计结果显示：样本的阶层、性别、就读年级以及城乡分布与当前我国人口总体分布基本比较吻合。这也说明，抽样技术较为合理，数据比较有代表性，见表 1-8。

表 1-8　变量的描述性分析

变量	均值/比例
阶层（1=顶层）	2.28
阶层（2=中上层）	26.79
阶层（3=中层）	19.99
阶层（4=中下层）	25.81
阶层（5=底层）	25.12

续表

变量			均值/比例	
填答问卷（0=母亲，1=父亲）			0.30	
户口（城市户口=1，农村户口=0）			0.59	
孩子性别（男=1，女=0）			0.47	
孩子就读年级：高中			3.25	
孩子就读年级：初中			38.72	
孩子就读年级：小学 4~6 年级			33.12	
孩子就读年级：小学 1~3 年级			13.80	
孩子就读年级：学龄前儿童			11.11	
教育价值	**赞同**		**不赞同**	
家庭教育是自家的事	68.59		31.41	
有什么样的父母就有什么样的孩子	66.39		33.61	
育儿责任	**父亲为主**	**父母共育**	**母亲为主**	**祖辈为主**
你的日常生活习惯养成	6.3	31.0	55.3	7.3
教育方式	每天都有交流	每个星期 1~3 次	每个月 1~3 次	其他
您跟您孩子交流的次数	63.1	25.6	8.9	2.5
	了解	比较了解	不太了解	不了解
您对您孩子在学校情况	9.81	45.87	34.19	10.13
	总是	经常	偶尔	从不
通过言谈和表情，告诉孩子我很喜欢他	3.86	39.28	44.18	12.68
我很关心孩子和什么样的朋友来往	10.88	37.97	39.68	11.46
有时候我会为了一点小事惩罚孩子	1.24	8.21	70.23	20.32

2. 儿童身心健康亟须保障

（1）儿童死亡率较高

国家卫健委监测数据显示：2020 年，5 岁以下儿童死亡率为 7.5‰，其中：城市 4.4‰，农村 8.9‰；婴儿死亡率为 5.4‰，其中：城市 3.6‰，农村 6.2‰。与 2019 年相比，5 岁以下儿童死亡率、婴儿死亡率均有不同程度的下降①。儿童死亡率呈现以下特征：一是溺亡是 5 岁以下儿童死亡的主要原因。前五位意外死因依次是溺亡（33.33%）、交通事故（20.76%）、呼吸道异物窒息（14.90%）、跌落（11.84%）、床上意外窒息（9.40%）②。二是意外死亡儿童的主要特征。男童溺水死亡占其总死亡的 8.74%，明显要高于女童的 5.03%，是男童首要意外死因，而女童的首要意外死因为意外窒息。1~4 岁儿童死亡中，意外死亡占 57.49%，其首要意外死因为溺水，占 38.62%。婴儿首位意外死因是意外窒息，占 81.44%③。不同类别的意外伤害发生具有明显的季节性，冬季是意外窒息的高发季节，而溺水则高发于夏季。三是道路交通安全是 5~18 岁儿童的首要死亡原因。《2018 年全球道路安全现状报告》显示道路交通死亡人数持续攀升，每年死亡 135 万人，且道路交通伤害如今是 5~18 岁儿童的首要死亡原因④。《中国统计年鉴 2021》数据显示：2020 年我国共发生交通事故 244674 起，死亡人数

① 国家卫生健康委员会规划发展与信息化司 . 2020 年我国卫生健康事业发展统计公报［J］. 中国病毒病杂志，2021，11（5）：321-329.

② 徐昊立，方俊，王智强，等 . 2015 年广东省 5 岁以下儿童意外死亡现况分析［J］. 现代预防医学，2016，43（22）：4085-4088.

③ 同②.

④ 张亚丽 . 世界卫生组织发布《2018 年全球道路安全现状报告》［J］. 中华灾害救援医学，2019，7（2）：100.

61703 人[①]。因此，道路交通安全值得关注。四是儿童死亡率与经济发展水平相关。《2018 年全球道路安全现状报告》显示：低收入国家道路交通死亡风险是高收入国家的 3 倍，道路交通死亡率最高的是非洲，最低的是欧洲[②]。国内有学者对广东省 5 岁以下儿童死亡原因进行分析发现：在经济发达地区溺亡和交通事故分别占意外死亡的 26.04%和 23.96%。在中等发达地区和欠发达地区儿童死亡主要原因中溺亡分别是 42.05%和 40.86%，交通事故分别是 15.90%和 18.82%[③]。因呼吸道异物造成意外死亡的比例在经济发达地区高于中等发达地区和欠发达地区。

（2）超半数儿童患有近视问题，低龄化现象凸显

2020 年，国家卫生健康委员会发布的《中国眼健康白皮书》显示：2018 年全国儿童青少年总体近视率为 53.6%。其中，6 岁儿童为 14.5%，小学生为 36.0%，初中生为 71.6%，高中生为 81.0%。儿童青少年近视已成为中国视力损伤的主要原因[④]。儿童青少年近视率呈现以下几点特征：一是儿童青少年近视的基本特征。女生近视患病率高于男生。近视患病率随年级的上升而上升。汉族青少年近视患病率高于少数民族。家庭经济条件越好，青少年近视患病率越高。城镇户籍青少年近

① 中华人民共和国国家统计局．中国统计年鉴（2021）［DB/OL］．http：//www.stats.gov.cn/tjsj/ndsj/2021/indexch.htm.

② 张亚丽．世界卫生组织发布《2018 年全球道路安全现状报告》［J］．中华灾害救援医学，2019，7（2）：100.

③ 徐昊立，方俊，王智强，等．2015 年广东省 5 岁以下儿童意外死亡现况分析［J］．现代预防医学，2016，43（22）：4085-4088.

④ 沙文茹．《中国眼健康白皮书》发布：致盲性眼病有效遏制［J］．中国医药科学，2020，10（13）：3-5.

视患病率高于农村户籍。寄宿学生近视患病率低于非寄宿学生①。二是户外运动偏少是诱发近视的重要因素之一。在近视防控中存在一个广泛认可的“光-多巴胺”假说，即光照可诱导视网膜多巴胺的释放，而多巴胺能阻止眼球伸长。因此，户外活动与青少年近视发病具有相关性。但我国中小学生户外活动时间偏少。有关调查数据显示：我国中小学生平均每天阳光接触时间为 2.49 小时。小学儿童平均每天户外活动时间为 1 小时，周末和假期为 2 小时左右，低于欧洲白种人儿童平均每天 2.62 小时的户外活动时间②。三是上网玩游戏是导致青少年近视的危险因素。中国社会科学院新闻与传播研究所、中国社会科学院大学新闻传播学院与社会科学文献出版社共同发布了《青少年蓝皮书：中国未成年人互联网运用报告（2020）》，报告显示：未成年人的互联网普及率已达 99.2%，显著高于我国总体互联网普及率（64.5%）。未成年人首次触网年龄不断降低，10 岁及以下开始接触互联网的人数比例达到 78%，首次触网的主要年龄段集中在 6~10 岁③。中国互联网络信息中心发布的《2020 年全国未成年人互联网使用情况研究报告》显示：2020 年未成年网民对互联网的主观依赖程度较 2019 年略有提升。未成年网民中认为自己非常依赖（有空闲就要上网）或比较依赖互联网的比例为 19.6%，较 2019 年（17.3%）提升 2.3 个百分点。④

---

① 常笑，秦蕾，蒋丹丹，等．青少年户外活动对近视保护作用的研究进展［J］．护理学杂志，2018，33（19）：102-105.

② 同①.

③ 桂芳芳．守护“少年的你”，向网络欺凌说“不”！［J］．婚姻与家庭：家庭教育版，2021（11）：2.

④ 同③.

（3）儿童心理营养不足

世界卫生组织对健康的定义是："健康不仅仅是没有疾病或虚弱，而是身体上、心理上和社会上的完好状态。"青少年心理健康问题主要表现为：一是抑郁症成为当前青少年健康成长的重要威胁。《中国国民心理健康发展报告（2019—2020）》显示：2020 年中国青少年的抑郁检出率为 24.6%，其中，重度抑郁检出率为 7.4%。调研数据显示：51.2%的未成年人在亲社会行为方面存在不关心别人感受等问题；43.4%的存在注意力不集中等问题；33.6%的存在抑郁等情绪障碍问题；32.7%的存在撒谎等品行问题；27.4%的存在同伴交往问题①。二是青少年心理健康知识是制约心理健康素养提升的短板。青少年对一部分心理健康知识题目的正确作答率很低。调查显示：在对题目"决定了要自杀的人是不会告诉别人的"作答时，有近 80%的人群都没有掌握。然而，现实生活中有自杀想法的人在自杀行为实施之前，几乎都经历过挣扎、犹豫、求救、失望，会有一些预警或求救信号，这是发现和预防自杀行为的机会。当人们不了解这一知识时，就可能会忽略身边人发出的预警或求救信号，从而错失挽救生命的机会。青少年心理健康知识结构的不平衡性，提示我们加强青少年心理健康知识科学普及的重要性，而且要针对青少年所面临的各种心理健康风险问题，多角度、多渠道地进行知识普及。三是家庭环境对青少年心理健康素养的影响不容忽视。无论是青少年的心理健康知识，还是专业心理求助态度，都受到家庭因素的重要影响。父母的文化程度越低，青少年的心理健康知识水平越低。青少年在遇到自己、家人或朋友出现心理问题时，是否愿意寻求

---

① 徐海波．"好好的孩子"，怎么就抑郁了：关注青少年抑郁症现象［J］．半月谈，2022（1）：3.

心理咨询师的帮助，受经济状况、父母之间关系影响很大。经济状况差，父母关系不好的家庭，青少年的专业心理求助态度也更消极。因此，在关注青少年心理健康素养的同时，还要关注青少年所处的家庭环境，以及学校、社会环境的多重影响作用。提升孩子的心理健康素养，作为父母还要从改善夫妻关系、家庭环境等方面做起。

3. 儿童成长环境亟须改善

习近平总书记强调，孩子们成长得更好，是我们最大的心愿。当前未成年人遇到了一些成长困境，影响了他们的健康成长。

（1）父母角色缺位问题较为严重

当前我国儿童成长的家庭环境发生变化，具体体现在：一是离婚率呈上升趋势。伴随社会价值变化，我国离婚率迅速上升。《中国统计年鉴 2021》数据显示：自 2000 年至 2019 年，我国离婚率连续 18 年上升，从 2002 年的 0.96‰上升到 2019 年的 3.36‰，2020 年略有回落，为 3.09‰[①]。二是人口流动规模大。伴随全球化、市场化、工业化和城镇化进程的加快以及人口流动政策的转变，我国流动人口规模快速增长。“七普”“六普”数据显示：2000 年，全国流动人口规模为 1.21 亿，占全国人口的比重为 9.6%；2010 年流动人口为 2.21 亿，占全国人口的比重为 16.5%；2020 年流动人口为 3.76 亿，占全国人口的比重为 26.6%[②]。人口流动衍生了留守儿童、流动儿童等特殊群体。民政部统计数据显示，截至“十三五”末，全国共有农村留守儿童 643.6 万名。目前，我国农村留守儿童的监护类型有四种：隔代监护、单亲监护、

① 中华人民共和国国家统计局．中国统计年鉴（2021）[DB/OL]．http://www.stats.gov.cn/tjsj/ndsj/2021/indexch.htm.

② 国务院第七次全国人口普查办公室．2020 年第七次全国人口普查主要数据[M]．北京：中国统计出版社，2021：81.

上代亲戚监护、同辈监护或自我监护。实际监护人主要包括：留守老人（孩子的爷爷奶奶或外公外婆），留守妇女（孩子的母亲），有血缘关系的亲戚、族人（主要存在于家族聚居明显的少数民族区域），村干部或其他有余力的人。由于亲情缺失、学业缺教、心理失衡等导致他们在心理健康、教育和安全等方面存在问题。如不少孩子年龄幼小就离开父母，一年到头见不到父母，由爷爷奶奶或亲戚朋友监护。学校开家长会，满屋子白发苍苍的老年人。爷爷奶奶只管吃饱穿暖，管不了学习成绩，也管不了品行。这些儿童遇到问题时没有倾诉渠道，很容易产生心理问题。还有些爷爷奶奶过于溺爱孩子，生怕父母不在家孩子吃了亏，教孩子打架、帮孩子打架，不仅引起许多矛盾纠纷，还给孩子做了坏榜样。交给亲戚朋友监护的，毕竟不是父母，亲疏不同，管得轻了重了都不好。孩子非常容易滋生诸如自由散漫、娇生惯养、不懂礼貌、自私自负等劣习，有的养成了抽烟、打架、痴迷网络、逃学、撒谎等坏习惯。此外，有的孩子不理解父母，认为家里穷，父母没有能耐，才外出打工；有的孩子在父母回家后疏远父母，和父母产生情感隔膜，甚至怨恨父母无情。三是特殊群体儿童规模也较大。民政部统计数据显示，截至2021年底，全国共有孤儿17.3万人，全年共支出儿童福利资金83.6亿元，其中孤儿基本生活保障资金32.4亿元，事实无人抚养儿童基本生活保障资金33.8亿元，其他儿童福利资金17.4亿元。①

家庭环境的变化在某种程度上对未成年人成长带来消极影响。“家庭教育立法可行性调查研究”项目调查数据显示：87.6%的教师认为“家长没时间陪孩子”，64%的父亲不能每天都跟孩子交流，41.4%的母

① 中华人民共和国民政部.2021年民政事业发展统计公报［EB/OL］.https://images3.mca.gov.cn/www2017/file/202208/2021/mzsyfztjgb.pdf.

亲不能每天都跟孩子交流。18.2%的未成年人家庭有父母离异、父或母酗酒、身体残疾、精神障碍、吸食毒品、犯罪记录、赌博等问题。儿童行为风险的二元 Logistic 回归模型分析结果显示：与正常家庭未成年人相比，生活在有 1 个上述家庭问题环境中的未成年人出现行为问题的风险是 1.411 倍，生活在有 2 个上述家庭问题环境中的未成年人出现行为问题的风险是 1.916 倍，生活在有 2 个以上上述家庭问题环境中的未成年人出现行为问题的风险是 4.475 倍（见表 1–9）。未成年人犯罪主要原因印证了上述结论。“家庭教育立法可行性调查研究”项目调查数据显示：五成以上未成年罪犯来自离异或夫妻关系不和谐的家庭，未成年人犯罪的原因更是与家庭教育的缺位密不可分。

表 1–9　遭受不良经历的儿童发生行为风险估算

	B	标准误差	瓦尔德	自由度	显著性	Exp (B)	95%置信区间	
							下限	上限
参照：不良经历（无=0）			106.181	3	0.000			
不良经历（有一种经历=1）	0.345	0.045	59.407	1	0.000	1.411	1.293	1.541
不良经历（有两种经历=2）	0.650	0.111	34.334	1	0.000	1.916	1.542	2.382
不良经历（有三种以上经历=3）	1.498	0.343	19.127	1	0.000	4.475	2.286	8.758
性别：1 = 男（参照）；2=女	−0.193	0.032	37.541	1	0.000	0.824	0.775	0.877
常量	0.352	0.024	221.513	1	0.000	1.422		

（2）父母角色不当的问题较为突出

“家庭教育立法可行性调查研究”项目调查数据显示：95.1%的家庭在教育孩子过程中不同程度地存在教育方式不当问题。70.2%的父母过分干涉孩子生活；69.5%的父母喜欢用惩罚方式教育孩子；47.2%的父母对孩子缺乏必要的情感支持；36.6%的父母比较喜欢用拒绝否认方式交流；43.8%的父母对孩子采取过度保护方式。与正常教育相比，遭受过一类不当教育方式的未成年人在成长中出现行为偏差风险是1.380倍；遭受过两类不当教育方式的未成年人在成长中出现行为偏差风险是1.841倍；遭受过三类不当教育方式的未成年人在成长中出现行为偏差风险是2.847倍；遭受过四类不当教育方式的未成年人在成长中出现行为偏差风险是4.267倍；遭受过五类不当教育方式的未成年人在成长中出现行为偏差风险则高达6.942倍（见表1-10）。

表1-10　遭受过不当教育方式的儿童行为风险估算

	B	标准误差	瓦尔德	自由度	显著性	Exp(B)	95%置信区间	
							下限	上限
参照：正常教育			960.762	5	0.000			
遭受过一类不当教育	0.322	0.083	14.899	1	0.000	1.380	1.172	1.626
遭受过两类不当教育	0.611	0.081	57.257	1	0.000	1.841	1.572	2.157
遭受过三类不当教育	1.046	0.081	166.858	1	0.000	2.847	2.429	3.337
遭受过四类不当教育	1.451	0.084	298.775	1	0.000	4.267	3.620	5.030
遭受过五类不当教育	1.938	0.096	407.707	1	0.000	6.942	5.752	8.379
性别：1＝男（参照）；2=女	−0.115	0.033	12.209	1	0.000	0.891	0.836	0.951
常量	−0.531	0.077	48.002	1	0.000	0.588		

受“棍棒底下出孝子”观念影响，体罚和虐待等“以罚代教”的粗暴管教方式还比较多。“家庭教育立法可行性调查研究”项目调查数据显示：64.7%的未成年人在成长过程中遭受过辱骂、忽视或殴打等暴力，58.7%的未成年人遭受过情感虐待，20.0%的遭受过躯体虐待，17.9%的遭受过情感忽视。未成年人不良问题形成基本遵循“病因种于家庭，病象显于学校，病情恶于社会”的过程。如益阳弑母案中：益阳案件中的吴某，12岁，留守儿童，3个月大就由祖父母抚育，父母长年在外务工，母亲是因为生二胎才回家。父母偶尔回家，教育子女方式以打骂为主。案发时因不服母亲管教，与母亲发生口角。

与正常儿童相比，遭受过一类家庭暴力的未成年人在成长中出现情绪障碍等行为偏差风险将增加1.845倍；遭受过两类家庭暴力的未成年人在成长过程中出现行为偏差风险将增加3.256倍；遭受过三类及以上家庭暴力的未成年人在成长过程中出现行为偏差风险将高达6.750倍（见表1-11）。

表1-11　遭受过虐待的儿童行为风险估算

	B	标准误差	瓦尔德	自由度	显著性	Exp（B）	95%置信区间	
							下限	上限
性别：1＝男（参照）；2=女	−0.126	0.032	14.986	1	0.000	0.882	0.828	0.940
参照：未遭受过虐待			948.042	3	0.000			
遭受过一类虐待	0.612	0.037	281.428	1	0.000	1.845	1.718	1.982
遭受过两类虐待	1.181	0.047	642.511	1	0.000	3.256	2.972	3.567
遭受过三类及以上虐待	1.909	0.091	435.914	1	0.000	6.750	5.642	8.075
常量	−0.173	0.031	30.330	1	0.000	0.841		

当前家庭教育观念片面现象还相当普遍。“家庭教育立法可行性调查研究”项目调查数据显示：家长担心的问题排在前三位的是：学生成绩（89.5%）、人身安全（84.6%）和沉迷网络/手机（71.6%）。上述调查结果一定程度上反映了家长存在“重智轻德、重知轻能、重养轻教”等现象，将学习成绩列为判断孩子好坏的优先标准。在这种教育观念影响下，学生价值观呈现明显功利导向，以追求名利作为人生价值判断标准的学生占62.3%，而以追求对社会贡献和人格高尚作为人生价值判断标准的学生仅占37.7%。五成以上的孩子没有养成良好的生活习惯，53.2%的未成年人没有养成早睡早起习惯；50.5%的没有养成做家务等劳动习惯。为破解未成年人成长中权益遭受侵害、家庭教育方式不当和教育理念片面的困境，亟须通过家庭教育立法来预防家庭暴力、矫正家庭教育方式和更新家庭教育理念。

四、社会阶层流动机制亟须完善

（一）阶层“断裂”初具雏形

近年来，社会分层与不平等问题日益成为社会热点话题。教育对阶层的影响，基本上形成了两种观点：一种观点是教育有助于阶层流动。即底层阶层可以通过自己的努力，获得高收入高社会地位的机会[①]。这

① 张卫东，杨全胜．教育促进阶层流动的效应：基于PSM方法的新视角［J］．统计与决策，2020，36（3）：71-74.

也就是我们常说的“知识可以改变命运”。另一种观点认为教育会强化阶层固化。部分学者认为中国社会结构趋于固化，阶层“上升通道”日渐收窄，阶层差异逐步凸显，甚至形成了“断裂”。这也就是常说的“寒门难出贵子”。学界对于教育的关注范围也越来越大，从学校教育，到校外教育，再到家庭教育。在学界我国家庭教养是否已形成显著阶层差异仍存在争议，有学者认为中国城市地区中产阶级与低收入阶级虽然在文化资本上存在差异，但是在教养模式上并未形成显著差异①；有学者认为中国城市地区中产阶级较多地采取协作培养②，倾向于采取权威型或宽容型的教养方式③。国外拉鲁（Lareau）是较早关注家庭教养阶层化研究的学者之一，其运用布迪厄的“资本-惯习”分析框架对中产阶级和工人阶级的家庭教养进行了比较④。后续有众多学者运用拉鲁的二分模式进行研究，有的学者认为阶级教养模式影响子女的偏好，有的学者认为中产阶级的父母更普遍地让孩子参加有组织的活动，以期增加他们未来在教育和工作生活中取得成功的前景，有的学者认为中产阶级利用文化资本优势可以塑造儿童技能方面的优势。当前家庭教养方式研究大多集中在家庭生活组织化方面，而对于养育价值、家庭分工等方面研究较少。近年来，校园欺凌事件屡禁不止，未成年人违法犯罪案件、自杀自伤现象时有发生。我国重庆、贵州、山西、江西、江苏、浙江、湖南等省市家庭教育地方性法规出台，说明家庭教育已成为我国社会政

---

① 洪岩璧，赵延东．从资本到惯习：中国城市家庭教育模式的阶层分化［J］．社会学研究，2014，29（4）：73-93.

② 李佳丽，何瑞珠．家庭教育时间投入、经济投入和青少年发展：社会资本、文化资本和影子教育阐释［J］．中国青年研究，2019（8）：97-105.

③ 黄超．家长教养方式的阶层差异及其对子女非认知能力的影响［J］．社会，2018，38（6）：216-240.

④ LAREAU A. Unequal childhoods：Race，class，and family life［M］．Berkeley：University of California Press，2011.

策的主要议题。而与儿童相关的许多问题通常被归因于“次优”的育儿习惯以及底层阶级未能为子女提供适当的个人资源和社交技能。对家庭能力与父母养育方式的评估发现，阶级差异是造成不平等现象的宏观成因①。

（二）家庭教养价值的阶层分化较突出

社会分层一般以职业、教育程度与家庭人均收入水平等指标为辅进行划分。本书基于“家庭教育立法可行性调查研究”数据，采用聚类分析技术，将社会划分为五个等级，聚类分析通过了检验。社会群体具体分为四大阶层，顶层：国家党群组织企事业单位主要负责人，教育程度以研究生为主，家庭人均月纯收入为 44682. 76 元；中上层：国家党群组织企事业中层领导与高级技术人员，以及部分自由职业者，教育程度以本科为主，家庭人均月纯收入为 8981. 38 元；中层：国家党群组织企事业普通管理人员与技术人员、个体经营者，教育程度以大专为主，家庭人均月纯收入为 3395. 33 元；中下层：以国家党群组织企事业普通职工、个体经营、自由职业、务农，文化程度以高中（职高）为主，家庭人均月纯收入为 3114. 83 元。

家庭教养价值从两个方面进行测量：一方面是对家庭教育内部作用机制的认知。我国自古就有“言传身教”的家庭教育传统，但是实际过程中“言传”与“身教”不一定是合为一体的（见表 1-12）。模型 1 分析结果表明，与中下层家长相比，中层及以上阶层的家长更认为“有什么样的父母就有什么样的孩子”，即更多的认为“言传”与“身

① 刘程，廖桂村．家庭教养方式的阶层分化及其后果：国外研究进展与反思［J］．外国教育研究，2019，46（11）：92-104.

教”应有效结合。与母亲相比，父亲对于“有什么样的父母就有什么样的孩子”认可度更低；与女孩父母相比，男孩父母对于“有什么样的父母就有什么样的孩子”的观点认可度更高；与农村户籍相比，城镇户籍的家庭更认可“有什么样的父母就有什么样的孩子”的观点。另一方面是对于外部共育的认知，即对于家庭教育是“公事”还是“私事”的认知。认为家庭教养是“私事”的监护人对于政府、学校和社会介入家庭教育容易采取拒绝或者消极的态度，认为家庭教养是“公事”的监护人对于政府、学校和社会等主体提供的家庭教育一般采取合作与积极的态度。模型 2 分析结果显示，与中下层相比，中层及以上的阶层，更加认可家庭教育的公共性。与农村户籍相比，城镇户籍的监护人更加认可家庭教育的公共性；与父亲相比，母亲对于家庭教育公共性认可度更低；与幼儿园学生家长相比，初中、高中学生的家长对于家庭教育公共性认可度更低。家庭教育公共性认知会对家校、家社等共育产生影响。从家长对家庭教育内部与外部作用机制认知的分析结果表明，家庭教育存在比较明显的阶层分化，城乡分化也比较突出。

表 1-12　家庭教养价值

变　量	模型 1 有什么样的父母就有什么样的孩子		模型 2 教育孩子是自家的事	
阶层（1=顶层）[a]	0.759***	0.038	−1.588***	0.049
阶层（2=中上层）[a]	0.394***	0.016	−1.096***	0.018
阶层（3=中层）[a]	0.177***	0.017	−0.547***	0.017
阶层（4=中下层）[a]	0.114***	0.016	−0.447***	0.016
填答问卷：母亲[b]	−0.045***	0.012	−0.409***	0.013
孩子性别：男孩[c]	0.073***	0.011	0.025**	0.012
年级：高中[d]	−0.135***	0.036	0.469***	0.038

续表

变量	模型1 有什么样的父母就有什么样的孩子		模型2 教育孩子是自家的事	
年级：初中[d]	−0.062*	0.034	0.268***	0.037
年级：小学4~6年级[d]	−0.155***	0.032	0.163***	0.036
年级：小学1~3年级[d]	−0.128***	0.032	0.017	0.035
户口[e]	0.064***	0.012	−0.287***	0.013

注：(1) 各变量的参照类型：a. 底层，b. 父亲，c. 女孩，d. 学龄前儿童，e. 农村户口；(2) $^{***}P<0.001$，$^{**}P<0.01$，$^{*}P<0.05$。

（三）养育分工的阶层分化较明显

养育分工不仅涉及性别平等，而且还会影响儿童的健康发展。在我国一直就有“男主外，女主内”的家庭内部性别角色分工。分析结果表明（见表1–13）：与中下层家庭相比，模型3分析结果表明，中上层家庭，父亲在教育子女过程中参与度更高；模型4分析结果表明，中下层家庭，以母亲为主的教养方式较多；模型5分析结果表明，中层、中上层、顶层家庭，更多采取父母共育的教养方式；模型6分析结果表明，底层家庭中，以祖辈为主的教养比例最高。模型3、模型4和模型5分析结果表明，与幼儿园学生相比，小学、初中、高中阶段，母亲参与更多，父亲参与较低。综上所述，中层及以上家庭，父母共育比例更高，父亲参与度更高；中下层家庭，母亲参与比例更高；底层家庭“以祖辈为主”的教养方式更多。因此，抚养责任的阶层分化比较明显，底层家庭的子女教育更多以隔代教育为主；中下层的子女教育“以母亲为主”，更多秉承父亲赚钱，母亲教育子女的性别角色分工思想；中层及以上家庭更多采取父母共育的方式，父亲参与度更高。养育分工也存在一定的性别、年级与城乡差异，与农村户籍相比，城镇户籍的父亲参与子女教育的更多。男孩教养方面，母亲参与度更高。“重男轻女”思想虽然已经不再是社会主流，但在很多母亲心中，对于男孩的偏爱还是更甚，因此，在男孩的管教上母亲投入更多。父母共育的教养方式在幼儿阶段更多。其主要原因有两个：一方面幼儿阶段父母需要全面介入孩子生活的各个方面；另一方面幼儿园开展家庭教育活动较多，对于年轻父母的育儿方式影响较大。

表 1-13　抚养责任

变量	模型 3 父亲为主		模型 4 母亲为主		模型 5 父母共育		模型 6 祖辈为主	
阶层（1=顶层）[a]	0.070	0.364	−0.091*	0.036	0.092*	0.039	−0.114	0.169
阶层（2=中上层）[a]	0.039*	0.308	0.030	0.106	0.062*	0.002	−0.468***	0.000
阶层（3=中层）[a]	−0.072	0.071	−0.040*	0.031	0.087***	0.000	−0.111*	0.002
阶层（4=中下层）[a]	0.049	0.176	0.051*	0.004	−0.002	0.934	−0.258***	0.000
填答问卷：母亲[b]	−2.064***	0.000	1.169***	0.000	−0.550***	0.000	−0.491***	0.000
孩子性别：男孩[c]	−0.312***	0.000	0.066***	0.000	0.002	0.906	0.036	0.156
年级：高中[d]	0.015	0.861	0.283***	0.000	−0.168***	0.000	−0.483***	0.000
年级：初中[d]	0.234	0.006	0.243***	0.000	−0.148***	0.000	−0.624***	0.000
年级：小学 4～6 年级[d]	0.187	0.023	0.386***	0.000	−0.294***	0.000	−0.598***	0.000
年级：小学 1～3 年级[d]	0.050	0.540	0.485***	0.000	−0.356***	0.000	−0.624***	0.000
户口[e]	0.219***	0.000	−0.026	0.053	−0.020	0.164	−0.038	0.174

注：（1）各变量的参照类型：a. 底层，b. 父亲，c. 女孩，d. 学龄前儿童，e. 农村户口；（2）*** P<0.001，** P<0.01，* P<0.05。

（四）教养方式的阶层分化较突出

教养方式解决的是不同阶层如何教养的问题（见表 1-14）。模型 5 统计结果显示，与中下层家庭相比，中层及以上家庭父母与子女沟通频率更高。模型6统计结果显示，与中下层家庭相比，中层及以上家庭父母更了解子女在校情况，中层及以上家庭更加突出。模型7统计结果显示，与中下层家庭相比，中层及以上家庭用爱的表达方式更多，中层及以上家庭父母更愿意与子女交流采用爱的表达方式。模型8统计结果显示，与中下层家庭相比，中上层与顶层对于子女关注度更高。模型9统计结果显示，中下层家庭更容易采取比较直接的惩戒方式教育子女。统计结果表明，教养方式与家庭社会经济地位比较相关。中上层、顶层家庭父母与子女和学校沟通频率高，虽然对于子女各方面关注度较高（即较为严格），但是多采取温和的表达方式，与权威型教养方式具有相似性；中层家庭与子女和学校沟通频率较高，对于子女管理较为宽松（即不是面面俱到），表达方式较为温和，与宽容型教养方式具有相似性；中下层家庭父母与子女和学校有一定的沟通，对于子女管理较为严格，也会采用比较直接的惩戒方式，与专制型教养方式具有相似性；底层家庭父母与子女和学校缺少沟通，对于小孩交友等方面缺乏关注，教养方式比较直接，与忽视型教养方式相似。也就是说，中层及以上家庭教养方式更多的是以权威型和宽松型为主，中下层与底层更多地采取专制型与忽视型为主的教养方式。教养方式也呈现了年级、性别与城乡差异。年级越高，亲子沟通频率越低。父母对于初中和高中阶段的子女在校情况了解较少。这一方面是随着年龄增大，高年级学生生活空间增大，与父母面对面沟通的机会也在减少，另一方面是在初中和高中阶段，很多学生都住校，与父母交流也就减少。与女孩相比，父母对于男孩在校情况与朋辈交往了解和关注更多，但是与男孩交流方式更为直接，采用惩罚方式较多。这说明一方面家庭对于男孩的教育更加关注；另一方面总体上父母还有“教而不优”的现象。

表 1-14　教养方式

变量	模型 5 与子女沟通		模型 6 了解子女 在校情况		模型 7 通过言谈和 表情，告诉孩子 我很喜欢他		模型 8 我很关心孩子 和什么样的 朋友来往		模型 9 有时候我会 为了一点小事 惩罚孩子	
阶层（1=顶层）[a]	0.514***	0.050	0.511***	0.039	0.300***	0.040	0.475***	0.038	-0.132**	0.045
阶层（2=中上层）[a]	0.266***	0.019	0.379***	0.017	0.133***	0.017	0.266***	0.016	-0.151***	0.019
阶层（3=中层）[a]	0.084***	0.019	0.196***	0.017	0.115***	0.017	0.039*	0.016	-0.133***	0.019
阶层（4=中下层）[a]	0.102***	0.018	0.182***	0.016	0.075***	0.016	0.080***	0.015	-0.081***	0.018
填答问卷：母亲[b]	0.544***	0.013	0.183***	0.012	0.020	0.012	0.183***	0.012	-0.370***	0.014
孩子性别：男孩[c]	0.010	0.013	0.067***	0.011	-0.037***	0.011	0.084***	0.011	0.185***	0.013
高中[d]	-2.238***	0.046	-0.524***	0.035	-0.173***	0.036	0.780***	0.035	0.947***	0.041
初中[d]	-1.041***	0.045	-0.140***	0.034	-0.264***	0.035	0.895***	0.034	0.497***	0.040
小学 4~6 年级[d]	-0.443***	0.044	0.052	0.032	0.109***	0.033	0.475***	0.032	0.319***	0.038
小学 1~3 年级[d]	-0.352***	0.044	0.031	0.032	0.208***	0.033	0.104***	0.031	0.022	0.037
户口[e]	0.257***	0.014	0.326***	0.012	0.198***	0.012	0.162***	0.012	0.033***	0.014

注：（1）参照类型：a. 底层，b. 父亲，c. 女孩，d. 学龄前儿童，e. 农村户口；（2）$^{***}P<0.001$，$^{**}P<0.01$，$^{*}P<0.05$。

第二章

人口长期均衡发展背景下儿童福利体系建设的重要性

人口均衡是指人口的发展要与经济社会发展水平相协调、与资源环境承载能力相适应，并且人口总量适度、人口素质全面提升、人口结构优化、人口分布合理及人口系统内部各个要素之间协调平衡发展。适度生育水平就是要综合考虑经济社会发展情况、资源环境的承载能力、满足人民群众幸福生活的愿望，在其中找到一个均衡点，从而既保持适度的人口规模，又不引起人口结构剧烈变动，确保人口结构问题处在可控范围内。

一、人口长期均衡发展的重要性

人口、资源、环境是可持续发展的三大要素，人口均衡、资源节约、环境友好，是可持续发展战略的主要内容。在充分强调资源节约型、环境友好型社会建设的同时，不能忽视人口发展的目标要求，要把建设人口均衡型社会落到实处。人口均衡包括两层含义。第一，人口作为一个整体，应该与外部各方面因素的发展相平衡。人口发展既不能落后于经济、社会、资源、环境等因素的发展，也不能超出经济、社会、资源、环境等因素所能承受的范围。第二，在人口内部，各要素之间要维持平衡，各要素自身也要保持理想状态。比如，人口规模的理想状态是适度，人口素质的理想状态是不断提高，人口结构的理想状态是各部分比例适当，等等。总之，人口均衡就是指人口的发展与经济社会发展水平相协调、与资源环境承载能力相适应，并且人口总量适度、素质全面提升、结构优化、分布合理，以及人口系统内部各个要素之间协调平衡发展①。

（一）经济社会持续发展需要适度人口规模

适度人口理论主张在某一国家或某一地区都应该拥有适度的人口，过多的人口或者过少的人口都会阻碍经济和社会的发展。若人口过多，则会使人地关系紧张，超出土地对人口的供养能力范围，不能够为人们提供充足的粮食。若人口过少，则会出现土地资源不能充分开发、自然资源不能充分利用的现象②。适度的人口规模，即一个国家或地区在一定的技术条件下，保持富裕的消费水平所能承载的人口规模。一个区域所能承载的人口规模与区域的资源承载力、环境承载力、经济承载力、社会承载力都密切相关。经济承载力是基础，资源环境承载力是底线，社会承载力直接关乎人口医疗教育等福利。随着技术创新不断升级，生产力水平持续提升，我国跨越到世界第二大经济体。但是，由于环境对经济生产和消费过程中产生的废物不能自我消解，于是产生了污染。这些年雾霾天气和水体污染的出现就是由于经济规模扩大超出了大气和水体的自我净化能力。因此适度的人口规模需要把经济社会资源环境等要素综合起来考虑。

新中国成立以来，我国人口规模一直保持增长趋势，尽管我国人口总和生育率在20世纪90年代就已经降低至2.1的更替水平以下，但由

---

① 翟振武．建设人口均衡型社会［J］．求是，2013（23）：3.

② 左牧华．评索维的适度人口理论［J］．中国社会科学，1990（6）：16.

于生活条件和医疗条件的不断提升，人口死亡率的下降和人均寿命的不断增长，加上从 1949 年新中国成立到 20 世纪 80 年代以前高出生率带来的人口惯性，总人口规模还将会保持一段时间的增长。根据 21 世纪以来我国人口变化趋势预测，人口增长的惯性正在消失，我国人口规模将在未来 10 年内达到顶峰并下降，出现这一结果的最主要原因是人口出生率下降。2015 年我国计划生育政策由“一孩”调整为“全面二孩”，对提高人口出生率起到了积极的作用，但由于育龄妇女规模缩小、人口年龄结构老化等原因，未来出生人口数量下降的趋势不会根本改变，总人口规模趋于零增长乃至负增长的大方向已成定局。因此，促进人口长期均衡发展，保持适当的人口规模，促进经济高质量发展至关重要。

（二）经济社会高质量发展需要高水平人口素质

自新古典经济学之后，人力资本理论成为经济学新的研究对象，开始逐渐展开对人力资本理论的研究，且在生产中人力资本要素的作用也更加被大量的学者所关注。新经济增长理论的研究思想是把新古典经济增长理论中的劳动力转化为人力资本投资，这一部分包含对劳动力技能的培训和教育水平的提高，进一步弥补了仅仅考虑生产技术和劳动力数量的问题，这些能力的提高统称为人力资本水平的提高。人力资本是以人为载体，表现出技能水平、知识、健康素质等综合质量水平的提高，劳动力所积累的人力资本是推动经济增长的动力。从人力资本参与生产过程的角度出发，主要有要素和效率的生产功能。要素功能是人力资本基础的生产功能，是参与生产过程中必不可少的功能。随着经济的发展和创新能力的日益提高，自然资源参与生产过程起到的作用越来越小，而人力资本的要素生产功能则变得越来越重要，在现实的生产过程中知识的应用、技术的进步以及管理的创新等这些要素，虽然对社会生产起着至关重要的作用，但是最终还要依赖人力资本要素的投入才能完成。

“十四五”时期是构建我国经济发展新格局的关键时期，破解劳动力制约实现经济发展新旧动能转换，成为推动我国经济高质量发展的关键问题之一。一方面，我国面临较大的劳动力人口下滑压力，人口红利逐渐消失。与此同时，我国又有着巨大的潜在人才红利——每 10 万人中拥有大学文化程度的人数为 15467 人，与 2010 年相比增长了 73.20%，15 岁及以上人口的平均受教育年限也由 9.08 年提高至 9.91 年①。另一方面，经济高质量发展需要科技创新驱动和产业结构优化，人力资本结构优化对人力资本提出了更高的要求。在经济转型过程中，人力资本结构优化比人力资本存量增加更能促进科技创新和产业结构优化，提高经济发展质量。因此，如何实现人口红利向人才红利的转变，是构建新发展格局，转变发展方式，推动质量变革、效率变革、动力变革的关键切入点。

（三）经济社会协调发展需要合理的人口分布

习近平总书记曾指出，实施区域协调发展战略。区域协调发展是指积极推进西部大开发，振兴东北地区等老工业基地，促进中部地区崛起，鼓励东部地区率先发展，继续发挥各个地区的优势和积极性，通过健全市场机制、合作机制、互助机制、扶持机制，逐步扭转区域发展差距拉大的趋势，形成东中西相互促进、优势互补、共同发展的新格局。

---

① 国家统计局，国务院第七次全国人口普查领导小组办公室．第七次全国人口普查公报［1］（第六号）：人口受教育情况［J］．中国统计，2021（5）：3.

加强人口合理分布是促进人口与资源匹配的主要方式。多年以来，我国人口表现为从农村流向城市、从西部和中部流向东部、从小城市流向大中城市、从山区流向平原四大趋势。人口流向的地域从最开始注重就业以提高收入为目的，转变为目前综合考虑经济、教育、社会保障、更宜居的环境等因素。从 20 世纪 90 年代至今的 30 多年间，人口迁移流动加速，最初人口流动的动力主要是经济原因，即找到就业岗位、提高收入。逐渐地，人口流动的目的把提高收入与提高自身、下一代教育相结合。近年来，越来越多的人口把环境宜居性作为考虑的要素，越来越体现人口流动目的的综合性。通过长期的人口流动，我国城镇化率不断提升，人口与资源的空间一致性也不断得到优化。近 10 年来我国新型城镇化稳步推进，城镇化达到历史最高水平，城镇化进入城市群阶段。东部人口增长快，人口主要分布在城市群。当然，“七普”调查结果显示，人口增长最多的省份基本都是经济大省，广东省、浙江省、江苏省、山东省的经济排名是全国靠前的，这些省份往往有着更好的产业基础、更好的发展前景，能够吸引人口流入；而中部、东北的人口比重在下降。这就凸显了区域人口不平衡。人口合理分布对于缩小区域经济差距，缩小区域之间居民收入差距都有积极意义。

加强人口合理分布是促进我国经济社会协调发展的重要举措。一方面是追求人口与资源环境承载力的均衡的需要。将实现人口与资源环境的均衡作为人口布局的基本目标，既体现了人口、资源、环境共同约束下的理性发展原则，又体现了围绕人的全面发展、保障人的基本权利和需求的公平发展原则，也体现了通过科技创新以维持、保护并扩大自然资源基础的动态发展原则，更体现了通过调节和控制以提高环境容量的协调发展原则。针对未来人口规模、自然资源超常规利用、城市化进程全面加速、改善整体环境质量、缩小区域收入差距并实现社会公平等方面所带来的压力，确立均衡人口与资源环境关系的基本目标，积极引导人口有序迁移与合理分布，将成为缓解这些压力最重要的举措之一。另一方面是实现人口发展机会的均等的需要。促进人的全面发展，是人类经济社会发展的基石。人口发展是“人的发展”的集合，既涵盖“人的发展”所应包含的内容，又具有人口数量、质量、结构和分布等整体发展的特性。实现我国不同区域之间的协调发展，说到底就是形成不同区域人口发展的均等机会。区域与区域之间的资源禀赋可以不同、区位特征可以相异、财富积累可以有别，但是在人口有序迁移的调整下，不同区域人口发展的机会应该是大体均等的。因此，在协调区域发展的过程中，应将原来“以区为本”的思维范式转变为“以人为本”的思路框架，着眼于人口密度与经济密度相适应，把人口分布的调整作为产业布局、资源配置、环境改善、福利安排的主线，以促进我国人口发展机会均等。

二、提高生育率对人口长期均衡发展的重要性

儿童福利体系建设与人口均衡发展紧密相连。在西方发达国家，普遍将儿童福利体系作为刺激人口生育的有效政策工具。本部分主要解决“可能性”与“可行性”两个问题。“可能性”主要解决完善儿童福利需要达到的目标，“可行性”主要解决完善儿童福利是否能解决问题。

（一）通过提高生育率改善人口结构

通过加强儿童福利政策，刺激生育改善人口分布结构、年龄结构、性别结构失衡问题。

1. 改善人口区域分布结构

20 世纪 30 年代，著名地理学家胡焕庸在我国地图上的黑龙江省黑河市爱辉区（当时称瑷珲）与云南省腾冲市之间画了一条对比人口密度的直线（史称“胡焕庸线”），把我国分成东西两个部分，结果发现，东部虽然面积仅占全国的 36%，但人口却占 96%；西部尽管面积占全国的 64%，但人口只占 4%[①]。“七普”调查数据显示：人口主要集中在东南部。在 31 个省（自治区、直辖市）中，人口超过 1 亿的省份有 2 个，在 5000 万人至 1 亿人的省份有 9 个[②]。人口数量最多的 11 个省份除四川省在“胡焕庸线”东、西两侧外，其余的都在线的东侧。东部是人口增长最快的地区。与 2010 年第六次全国人口普查数据相比，31 个省（自治区、直辖市）中，有 25 个省份人口增加。人口增长较多的 5 个省份依次为：广东省、浙江省、江苏省、山东省、河南省，分别增加 21709378 人、10140697 人、6088113 人、5734388 人、5341952 人。分区域看，与 2010 年第六次全国人口普查相比，东部地区人口所占比重上升 2. 15 个百分点，中部地区人口所占比重下降 0. 79 个百分点，西部地区人口所占比重上升 0. 22 个百分点，东北地区人口所占比重下降 1. 20 个百分点[③]。随着人口数量萎缩，人口会加速向大城市收缩，让可选择的城市大幅减少。如过

① 国家统计局．第七次全国人口普查公报（第三号）：地区人口情况［J］．中国统计，2021（5）：8-9.

② 同①.

③ 戚伟，刘盛和，赵美风．“胡焕庸线”的稳定性及其两侧人口集疏模式差异［J］．地理学报，2015：551-565.

去20年俄罗斯人口衰减，但莫斯科人口增加数百万，绝对和相对增长幅度在全俄83个地区中排第一。日本总务省《国势调查报告》显示：从2005年到2050年，21.6%的区域将变成无人区，20.4%将减少75%以上人口，24.4%将减少50%～75%人口，仅1.9%的区域人口会增加[①]。因此，应加强儿童福利服务均等化建设，刺激生育意愿，提供友好环境，努力留住西部地区人口、人才的存量，提高其增量，大力促进人口区域分布均衡，避免东南地区因人口过于稠密带来一系列的发展问题。

2. 改善人口年龄分布结构

近10年间，我国已跨过了第一个快速人口老龄化期。“七普”调查数据显示：2020年大陆地区60岁及以上的老年人口总量为2.64亿，已占到总人口的18.7%。自2000年步入老龄化社会以来的20年间，老年人口比例增长了8.4个百分点，其中，从2010年“六普”到2020年第七次全国人口普查的10年间升高了5.4个百分点。在31个省（自治区、直辖市）中，除西藏自治区外，其他30个省（自治区、直辖市）65岁及以上老年人口比重均超过7%，其中，12个省份65岁及以上老年人口比重超过14%[②]。如果维持现有生育率，根据世界银行预测，2050年中国人口将达到13.83亿，其中65岁及以上老龄人口将达到3.31亿，占总人口的23.91%，我国将进入超高龄社会[③]。日本由于错失了鼓励生育的政策窗口，导致该国“超少子化”与“超老龄化”并存。日本从1975年到2019年，婚后一年内生孩子的女性占比从39.4%降至26.2%，婚后生育首胎平均时间从1.6年增至2.5年。1974年日本

---

① 周云．社会政策与日本人口的发展［J］．人口学刊，2008（5）：3-8.

② 国家统计局．第七次全国人口普查公报（第五号）：人口年龄构成情况［J］．中国统计，2021（5）：10-11.

③ 彭希哲，陆杰华，李志宏，等．数读“七普”：我国人口老龄化的7组全息投影［J］．中国社会工作，2021（17）：4.

总和生育率低于世代更替水平进入少子化时代，1992 年日本总和生育率降至 1.5，掉入“低生育率陷阱”，陷入“超少子化”困境，2020 年日本总和生育率仅 1.34，低于经济合作组织（OECD）高收入国家的 1.60；0~14 岁人口占比 12.0%，低于经济合作组织（OECD）高收入国家的 16.3%。1949—2020 年日本 65 岁及以上人口占比由 4.9%增至 28.9%，大幅分别高于美国、英国、法国、德国的 16.6%、18.7%、20.8%、21.7%的比重，老龄化水平居世界第一，预计到 2065 年该比例将达到 38.4%①。有学者基于我国 2000 年和 2010 年两次人口普查数据并结合各年统计年鉴相关数据，对“全面二孩”政策实施后新增出生人口进行估算，预测 2017—2050 年总和生育率的变化趋势。进而利用队列要素法预测了“全面二孩”政策对我国 2017—2050 年劳动年龄人口数量和内部结构的影响。研究结果表明，“全面二孩”政策的实施虽然无法改变未来劳动年龄人口总量下降的大趋势，但是能够减轻劳动年龄人口数量下降的程度：“全面二孩”政策实施后，到 2050 年低方案、中方案、高方案分别比现有政策不变时多出 2993 万、5374 万和 7585 万劳动年龄人口；与此同时，该政策的实施能够提高青年劳动年龄人口占比，降低高龄劳动年龄人口占比，对于优化劳动年龄人口结构有一定效果②。因此，我国应通过加强儿童福利政策体系建设，为“三孩”政策提供配套设施，降低我国人口抚养比，优化我国人口结构。

3. 改善人口性别分布结构

人口性别结构是否合理体现在人口性别比上。总体上，我国人口性

① 彭希哲，陆杰华，李志宏，等．数读“七普”：我国人口老龄化的 7 组全息投影［J］．中国社会工作，2021（17）：4.

② 顾和军，李青．全面二孩政策对中国劳动年龄人口数量和结构的影响：2017—2050［J］．人口与经济，2017（4）：9.

别比例持续改善。“七普”调查数据显示：中国大陆31个省（自治区、直辖市）中男性人口为723339956人，占51.24%；女性人口为688438768人，占48.76%。总人口性别比（以女性为100，男性对女性的比例）为105.07，与2010年第六次全国人口普查基本持平。我国的出生人口性别比为111.3，比上一次的数据下降6.8。但我国人口基数比较大，总体上讲，女性人口短缺数量较多，适婚年龄男性明显多于适婚年龄女性的人口结构不利于社会长期稳定发展。性别比例不太合理既与我国之前的计划生育政策相关，也与社会文化紧密联系。近几十年中国的出生性别比，随着生育政策的收紧而逐渐升高，然后又随着生育政策的放宽而逐渐下降。自2016年“全面二孩”政策的实施，人们对其效果众说纷纭。为了评价在短期内“二孩政策”对我国男女性别比例的影响，本书基于最小二乘法预测2016—2025年，在“全面二孩”与计划生育两种不同政策实施下，男女比例的变化趋势，并引入性别比例偏离系数的概念，评价“二孩政策”对东部地区、西部地区、东北地区、中部地区男女性别比例的影响。结果发现“二孩政策”有利于缓解东部地区、西部地区、中部地区性别失衡问题，其中对东部地区效果最明显①。因此，在放开生育政策的背景下，一方面通过推动新时代婚育文化建设，改变重男轻女的陋习；另一方面通过刺激生育意愿，增加人口数量，缓解性别选择的焦虑。

（二）通过提高生育率保持人力资源禀赋优势

作为人口第一大国，我国劳动力人口资源优势依然丰富，虽然劳动

① 江辉．二孩政策对我国人口中男女性别比例的影响［J］．管理论坛，2021(4)：114-115.

年龄人口呈下降趋势，但人口受教育程度明显提升。为保持人力资源优势，亟须提振生育信心，促进人口稳定增长。

1. 保持人口存量优势

第七次人口普查数据显示：我国15~59岁人口为894376020人，占63.35%；与2010年第六次全国人口普查相比，15~59岁人口的比重下降6.79个百分点[①]。同等技术水平下，一国人口超过50%的存量将使其具有竞争力优势。目前我国比整个西方加起来还要多50%，因此，我国很多任务产量人均已经超过美国。但如果总和生育率仍维持在1.2，我国出生人口到2080年可能会少于美国，我国人力资源存量优势将不复存在。保持我国人口存量优势，应通过加快儿童福利政策制度设计，刺激生育，将人口出生率提升至替代率水平。

2. 保持人口增量优势

近10年间，我国总人口数量的增长速度有持续放缓势头。第七次人口普查数据显示：2020年，中国大陆地区人口总体规模达到14.1亿人[②]，相较于2010年“六普”时，增加7205万人，其年平均增长率为0.53%。这一增量比从2000年“五普”到2010年“六普”的10年间增量减少185万人，增速降低0.04个百分点。日本的经验值得警惕，日本从1989年到2020年劳动年龄人口、劳动生产率增速分别从0.9%、4.4%大幅降至-0.8%、1.1%，实际GDP增速从5.4%降至-4.4%。1990年前后日本劳动年龄人口占比、劳动生产率增速分别达69.8%、5.76%的峰值后下滑，叠加当时泡沫破灭、政策应对失误、国际环境动

① 国家统计局．第七次全国人口普查公报（第四号）：人口性别构成情况［J］．中国统计，2021（5）：9-10.

② 国家统计局．第七次全国人口普查公报（第五号）：人口年龄构成情况［J］．中国统计，2021（5）：10-11.

荡、产业结构调整滞后因素，日本经济陷入“失去的三十年”。我国出生率下降一方面是由于育儿直接成本上升抑制生育意愿，育儿成本已占我国家庭平均收入一半左右；另一方面是由于生育机会成本上升导致部分家庭用孩子质量替代数量。因此，亟须通过完善儿童福利政策弱化经济控制，提振生育意愿，保持人口增速平稳。

3. 保持人口质量优势

我国人口素质明显提高。第七次全国人口普查数据显示：我国人口受教育程度明显提升，2020 年，我国 16~59 岁劳动年龄人口平均受教育年限达到 10.75 年，比 2010 年的 9.67 年提高了 1.08。中国大陆 31 个省（自治区、直辖市）中，平均受教育年限在 10 年以上的省（自治区、直辖市）有 13 个，在 9 年至 10 年之间的省（自治区、直辖市）有 14 个，在 9 年以下的省（自治区、直辖市）有 4 个[①]。但在人力资源质量方面也存在一些问题，如青少年抑郁比例较高。据《中国国民心理健康发展报告（2019—2020）》，2020 年中国儿童的抑郁检出率为 24.6%，其中轻度抑郁 17.2%，重度抑郁 7.4%。经济增长是因劳动人口在知识、技能等方面的提高而获得额外收益，所以，不仅要关注人口数量，而且更应关注人口质量，即人力资本的积累。人力资本投资回报率最高的就是投资幼儿。一项跨度为 40 年的跟踪研究显示，包含社会效益在内的学前教育投资回报高达 17.07 倍[②]。因此，亟须通过优化成长环境，发展儿童社会工作，提高培养质量，保持人口质量优势。

① 国家统计局．第七次全国人口普查公报（第二号）：全国人口情况［J］．中国统计，2021（5）：7-8.

② 马晓强．“科尔曼报告”述评：兼论对我国解决“上学难，上学贵”问题的启示［J］．教育研究，2006（6）：29-33.

（三）通过提高生育率促进社会保险持续发展

我国依据“大数法则”建立的社会保险制度，参保人员越多年龄结构越合理，赡养率越合理，社会保险运行就越平稳。

1. 保持社会保险参保人数规模

《2020年度人力资源和社会保障事业发展统计公报》显示：2020年基本养老保险、失业保险、工伤保险三项社会保险基金收入合计50666亿元，比上年减少8463亿元，减少14.3%；基金支出合计57580亿元，比上年增加3087亿元，增长5.7%[①]。人口老龄化和少子化会加速基金收支不平衡。在财政补贴政策不变的条件下，养老保险制度将从2028年开始出现收入小于支出，如果没有任何政策干预，收不抵支的赤字现象将会一直持续下去。现有预测建立在总和生育率逐年下降的基础上。但在老龄化的不同阶段，通过调整生育补贴和社保缴费率组合可以有效应对人口老龄化，在一定程度上可以延缓人口老龄化对社会保险基金收支平衡的冲击。如果我国生育率保持1.2的水平，出生人口数量到2050年、2100年分别降至750万、300万。总人口最终以每出生1人去世5人的速度萎缩，到2120年降至5亿人，2170年降至2亿人，社会保险将面临完全崩溃风险。如果生育率恢复到更替水平，每年出生人口数量稳定在1500万~2000万，总人口数量将维持在12亿~15亿，社会保险缴费基数则维持在稳定水平[②]。

2. 提高社会保险社会统筹缴费水平

赡养率一直是学界关注的焦点。中国社会科学院世界社保研究中心

---

① 郑秉文．面向2035和2050：从负债型向资产型养老金转变的意义与路径［J］．华中科技大学学报（社会科学版），2021，35（3）：20-37.

② 于也雯，龚六堂．生育政策、生育率与家庭养老［J］．中国工业经济，2021（5）：38-56.

发布的《中国养老金精算报告 2019—2050》显示，未来 30 年中国制度赡养率将翻倍。在企业缴费率为 16%的情况下，2019 年“参保赡养率”和“缴费赡养率”分别为 37.7%和 47.0%，到 2050 年将分别达到 81.8%和 96.3%①。也就是说，2019 年由接近两个缴费者赡养一个离退休者，而到 2050 年则进入一个缴费者需赡养一个离退休者的新阶段。该报告揭示了人口老龄化对社会保险赡养率的冲击。但该报告建立在劳动人口数量的硬指标上，而对劳动人口质量的软指标考虑较少。而经济增长因劳动人口在知识、技能等方面的提高而获得的额外收益就是质量型人口红利。随着我国各层次教育普及化，我国人力资本红利将部分弥补人口红利消失对社会劳动供给以及经济增长的影响。通过建立普惠型儿童福利制度能提升人口质量，可以获得有效劳动人口单位产出的红利，提高社会保险社会统筹缴费水平，进而减缓赡养率变化对社会保险的冲击。

3. 促进全国社保基金平稳发展

随着我国社会经济发展和人口老龄化加剧，全国社保基金的充实壮大，对于缓释养老金支出压力，解决不平衡和不充分发展的问题意义深远。全国社会保障基金理事会（以下简称“社保基金会”）发布《社保基金年度报告（2020 年度）》。该报告显示，2020 年，社保基金投资收益额 3786.60 亿元，投资收益率 15.84%。社保基金自成立以来充分享受我国经济发展的红利，年均投资收益率 8.51%。通过建立儿童福利制度，促进我国人口长期均衡发展，保障经济持续稳定发展，将为社会保障基金平稳发展提供坚实的支撑。我国如果生育率保持在 1.2 的水

① 郑秉文．面向 2035 和 2050：从负债型向资产型养老金转变的意义与路径［J］．华中科技大学学报（社会科学版），2021，35（3）：20-37.

平，经济增长到2050年前后降至2%左右并逐步进入负增长，这将影响我国社会保险基金安全。如果生育率提升至替代水平，经济增长会稳定在5%~7%，将为社会保险基金保值增值带来空间。如智利养老金投资收益与本国经济发展水平紧密相关，在智利经济发展比较快的1981—1990年，养老基金收益率平均为12.5%；随后其经济发展进入了增速减缓阶段，养老基金收益也逐步下降，从1991年的9.24%，到2010年的6.74%，再到2016年降至3.01%①。

三、儿童福利的人口效应

儿童福利政策虽在世界各国皆有所实施，但将其作为刺激生育的政策工具主要存在于西方发达国家。

（一）儿童福利政策的不同取向

儿童福利政策在欧洲有不同的制度类型。安德森在《福利资本主义的三个世界》中根据政府与市场的关系提出去商品化（De-commodification）概念。去商品化为衡量个人对市场的依赖度，去商品化程度越高，表示个人对市场的依赖程度就越低，公民的自由度就越高②。去商品化主要涉及政府与市场的关系，没有涉及政府与家庭的关系，特别是

---

① 袁中美，郭金龙．后金融危机时代智利养老金制度改革创新及其效果评价［J］．兰州学刊，2019（12）：198-208.

② O'CONNELL P J，ESPING-ANDERSON G. The Three Worlds of Welfare Capitalism［J］．American Journal of Sociology，1990，70（2）：532.

没有涉及女性。因此，被批评为“性别盲点”（gender blindness）[①]。安德森作为对评判的回应，认为在他的福利体制比较分析中，去家庭化与去商品化是相容的。并对去家庭化作出了定义，去家庭化是指家庭的福利和照顾的责任通过市场或者国家分担的度[②]。与去家庭化相对应的家庭主义可以分为两种：一种是政府缺少对儿童照顾支持的家庭主义；另一种是政府一方面积极鼓励父母在家里照顾儿童，同时也提供优质的儿童照顾服务的家庭主义。前者可称为消极性家庭主义政策，后者则称为积极性家庭主义政策。在消极性家庭主义政策中，由于没有提供相关的儿童照顾服务，政府实际上是间接地强迫女性在家庭里照顾儿童。在积极性家庭主义政策中，通过提供丰厚的育儿假待遇与优质的儿童照顾服务，提高家庭妇女在就业与家庭劳动中的选择权。儿童福利的支出中支持父母家庭照顾的项目主要是产假、陪产假和育儿假的假期与补偿规定，特别是育儿假的规定。去家庭化主要包括两个项目：国家或者市场为儿童提供的照顾服务与国家提供的现金支付。现金支付又可分为两类：国家为减轻家庭负担，针对所有家庭提供的津贴与国家为困难的家庭及单身母亲提供的补贴。有学者根据家庭主义与去家庭化划分了四种体制：（1）显性家庭主义（explicit familialism），政府提供大量措施支持在家庭里照顾儿童；（2）选择家庭主义（optional familialism），政府不仅支持家庭照顾而且提供了去家庭性照顾服务，供家庭选择；（3）隐性家庭主义（implicit familialism），政府既没提供去家庭化服务也没提

---

① ORLOFF, ANN, SHOLA. Gender And The Social Rights of Citizenship: The Comparative Analysis of State Policies And Gender Relations［J］. American Sociological Review, 1993, 58（3）: 303-328.

② ESPING-ANDERSEN G. Social Foundations of Postindustrial Economies［J］. OUP Catalogue, 1999.

供家庭照顾支持，实际上是间接强迫家庭照顾；（4）去家庭化（De-familialism），政府提供去家庭化照顾服务[①]。与安德森不同的是上述体制划分将法国与北欧国家一起划分到选择家庭主义类型中，而将自由主义福利国家分为两个类型：隐性家庭主义与去家庭化主义，英国则被划分到去家庭化类型中。具体到儿童福利支出项目，支持家庭照顾的包括现金支出（包括儿童津贴补贴、公共支付的生育津贴、陪产假津贴、育儿假津贴和单亲家庭补贴等）、家庭支持性服务以及税收优惠（包括税收减免、税率优待和税收抵免），支持去家庭化照顾包括托育服务，主要指托儿照顾服务、早期教育。

（二）儿童福利政策的人口数量效应

儿童福利政策作为刺激生育的一种工具，在 OECD 国家产生了比较积极的效应。儿童福利支出占 GDP 比较高的国家有：冰岛（占比 4.99%）、瑞典（占比 4.98%）、法国（占比 4.91%）、挪威（占比 4.74%）、丹麦（占比 4.67%）等选择性家庭主义国家。东欧国家普遍比例较低（见表 2-1）。

表 2-1　OECD 国家儿童福利支出占 GDP 比重

国家	儿童福利支出占 GDP 比重（2019 年）（%）					总和生育率（2019 年）
	托育	现金	支持性服务	税收优惠	总计	
丹麦	1.27	1.32	2.08	0.00	4.67	1.7
挪威	1.39	1.27	1.97	0.11	4.74	1.53
荷兰	0.63	0.85	0.64	0.35	2.47	1.57
瑞典	1.59	1.24	2.15	0.00	4.98	1.7

① LEITNER, SIGRID. Varieties of Familialism: The Caring Function of The Family in Comparative Perspective [J]. European Societies, 2003, 5 (4): 353-375.

续表

国家	儿童福利支出占 GDP 比重（2019 年）（%）					总和生育率（2019 年）
	托育	现金	支持性服务	税收优惠	总计	
冰岛	1.72	0.91	2.36	0.00	4.99	1.75
芬兰	1.1	1.33	1.64	0.00	4.07	1.35
法国	1.31	1.42	1.46	0.72	4.91	1.83
比利时	0.82	1.71	1.02	0.42	3.97	1.57
英国	0.55	2.21	1.12	0.00	3.88	1.63
德国	0.63	1.08	1.25	0.84	3.8	1.54
意大利	0.52	1.35	0.63	0.48	2.98	1.27
葡萄牙	0.37	0.76	0.44	0.49	2.06	1.42
匈牙利	0.72	1.61	1.12	0.74	4.19	1.49
瑞士	0.52	1.25	0.57	0.50	2.84	1.48
斯洛伐克	0.47	1.12	0.58	0.32	2.49	1.57
捷克	0.41	1.44	0.54	0.94	3.33	1.71
波兰	0.6	0.76	0.44	0.49	2.29	1.42

注：数据来自 OECD 数据库（www.oecd.org/els/social/expenditure）。

儿童福利总支出占 GDP 的比重与总和生育率呈正相关关系。以总和生育率为纵轴，儿童福利支出占 GDP 比重为横轴，绘制散点图，并进行线性拟合。根据模拟线性方程可知，儿童福利总支出占 GDP 的比重增加 1 个单位，总和生育率增加 0.0846（见图 2-1）。这说明儿童福利总支出对于儿童生育率产生正的促进作用。丹麦和瑞典等国儿童福利支出较高，总和生育率也相对较高。

儿童托育支出占 GDP 的比重与总和生育率呈正相关关系。以总和生育率为纵轴，托育支出占 GDP 比重为横轴，绘制散点图，并进行线性拟合。根据模拟线性方程可知，儿童托育支出占 GDP 的比重增加 1 个单位，总和生育率增加 0.1703（见图 2-2）。这说明托育支出对总和生育率产生了极大的促进作用。冰岛、瑞典托育支出占 GDP 比重是最高的，总和生育率也相对较高。

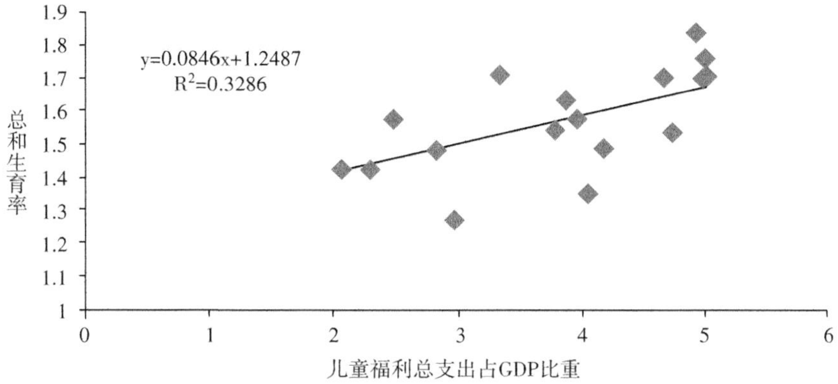

图 2-1　儿童福利总支出与总和生育率的散点图

注：数据来自 OECD 数据库（www. oecd. org/els/social/expenditure）。

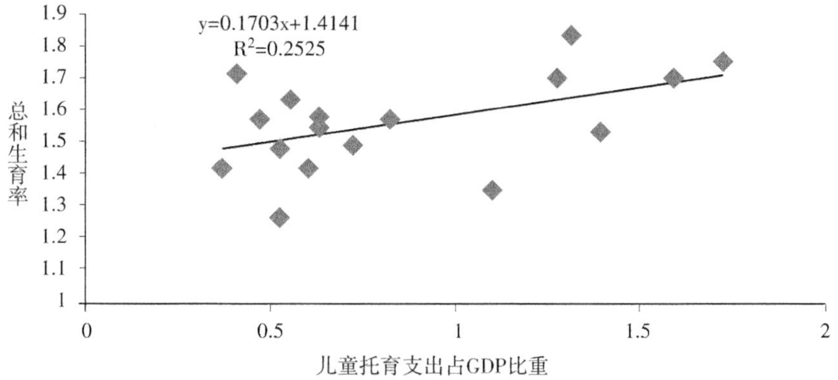

图 2-2　儿童托育支出与总和生育率的散点图

注：数据来自 OECD 数据库（www. oecd. org/els/social/expenditure）。

现金支出占 GDP 的比重与总和生育率呈正相关关系。以总和生育率为纵轴，现金支出占 GDP 比重为横轴，绘制散点图，并进行线性拟合。根据模拟线性方程可知，现金支出占 GDP 的比重增加 1 个单位，总和生育率增加 0. 0716（见图 2-3）。现金支出对于总和生育率的促进作用虽然没有托育支出的作用强，但总体上也呈正相关关系。

家庭支持性服务占 GDP 的比重与总和生育率呈正相关关系。以总

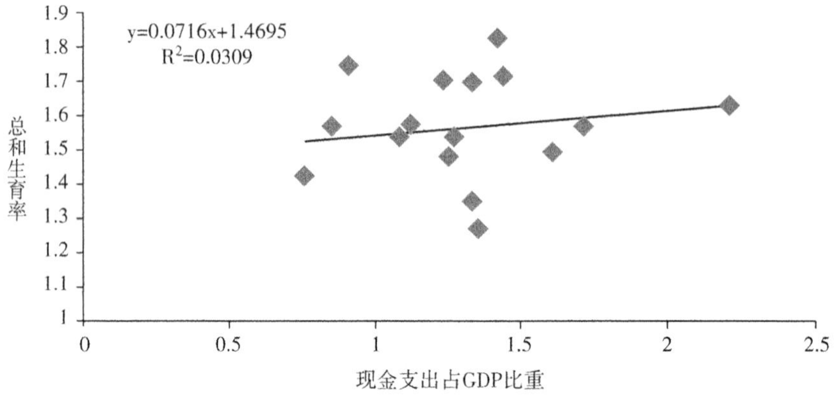

图 2-3 现金支出与总和生育率的散点图

注：数据来自 OECD 数据库（www. oecd. org/els/social/expenditure）。

和生育率为纵轴，家庭支持性服务支出占 GDP 比重为横轴，绘制散点图，并进行线性拟合。根据模拟线性方程可知，家庭支持性服务占 GDP 的比重增加 1 个单位，总和生育率增加 0. 1078（见图 2-4）。冰岛、瑞典、丹麦这些北欧国家家庭支持性服务占 GDP 比重较高，对于它们的总和生育率也产生促进作用。

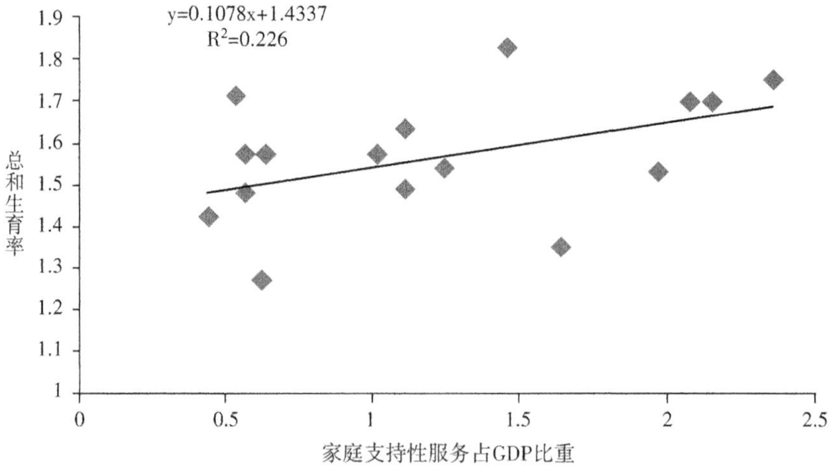

图 2-4 家庭支持性服务与总和生育率的散点图

注：数据来自 OECD 数据库（www. oecd. org/els/social/expenditure）。

税收优惠支出占 GDP 的比重与总和生育率呈正相关关系。以总和生育率为纵轴，税收支出占 GDP 比重为横轴，绘制散点图，并进行线性拟合。根据模拟线性方程可知，税收优惠支出占 GDP 的比重增加 1 个单位，总和生育率增加 0.2089（见图 2-5）。从模拟结果可知，税收支出对于总和生育率的刺激作用是最强的。捷克、法国等国家将税收作为激励生育的一种手段，产生较为明显的激励效应。

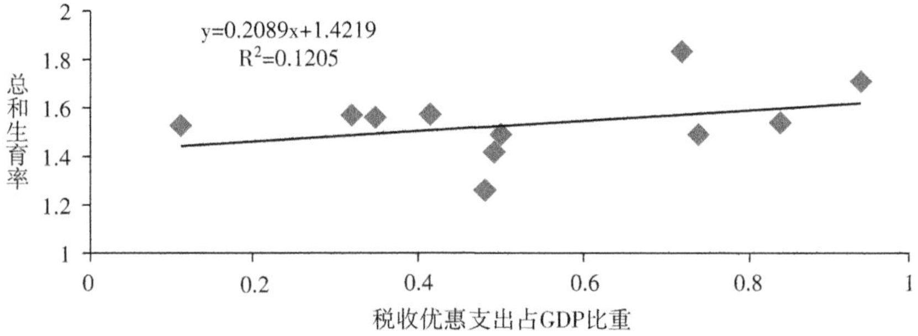

图 2-5　税收优惠支出与总和生育率的散点图

注：数据来自 OECD 数据库（www. oecd. org/els/social/expenditure）。

（三）儿童福利政策的人口质量效应

联合国儿童基金会根据儿童的物质福利、健康与安全、教育、行为风险、住房与环境等指标对高收入国家的儿童发展质量进行排名。从排名指标可知，荷兰、挪威、芬兰等国是最适合儿童生活的国家（见表 2-2）。同时也发现自杀、不幸福、肥胖等成为发达国家儿童中较为普遍的现象。

表 2-2　部分 OECD 国家儿童发展状况排名

国家	物质福利	健康与安全	教育	行为风险	住房与环境	排名均值
丹麦	12	23	7	2	15	11.8
挪威	3	7	6	4	3	4.6

续表

国家	物质福利	健康与安全	教育	行为风险	住房与环境	排名均值
荷兰	1	5	1	1	4	2.4
瑞典	5	2	11	5	8	6.2
冰岛	4	1	10	3	7	5
芬兰	2	3	4	12	6	5.4
法国	10	10	15	13	16	12.8
比利时	13	13	2	14	14	11.2
英国	26	25	27	23	23	24.8
德国	11	12	3	6	13	9
意大利	23	17	25	10	21	19.2
葡萄牙	21	14	18	8	17	15.6
匈牙利	18	20	8	24	22	18.4
瑞士	9	11	16	11	1	9.6
斯洛伐克	25	21	21	18	19	20.8
捷克	16	8	12	22	18	15.2
波兰	22	18	9	19	26	18.8

注：数据来源于联合国儿童基金会。

儿童福利总支出与儿童发展质量排名（依据从好到差顺序，数字越小发展质量越好）呈负相关关系。以儿童发展质量为纵轴，儿童福利支出占 GDP 比重为横轴，绘制散点图，并进行线性拟合。根据模拟线性方程可知，儿童福利总支出占 GDP 的比重增加 1 个单位，儿童发展质量排名提升-2.4152 个单位（见图 2-6）。这说明儿童福利总支出与儿童发展质量并不完全呈正相关关系。

家庭支持性服务支出与儿童发展质量排名（依据从好到差顺序，数字越小发展质量越好）呈负相关关系。以儿童发展质量为纵轴，家庭支持性服务占 GDP 比重为横轴，绘制散点图，并进行线性拟合。根据模拟线性方程可知，家庭支持性服务占 GDP 的比重增加 1 个单位，

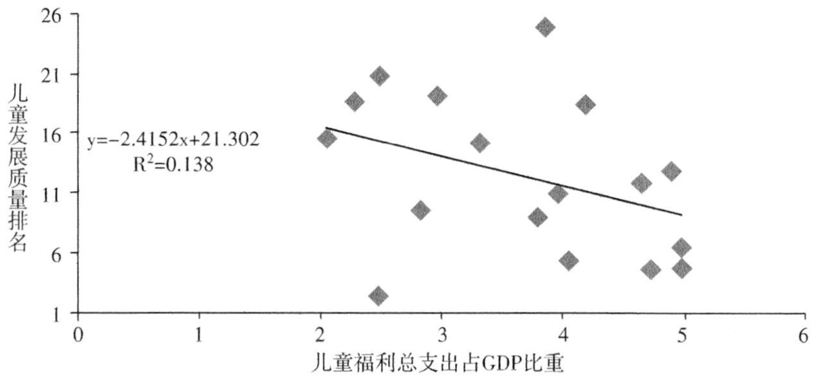

图 2-6　儿童福利总支出与儿童发展质量排序的散点图

注：数据来自 OECD 数据库（www. oecd. org/els/social/expenditure）。

儿童发展质量排名提升-5. 2374 个单位（见图 2-7）。这主要由于西方国家家庭支持性服务对于单亲、失业等劣势家庭较为友好。根据短板效应，最弱势家庭得到的支持服务将极大地促进儿童群体发展。

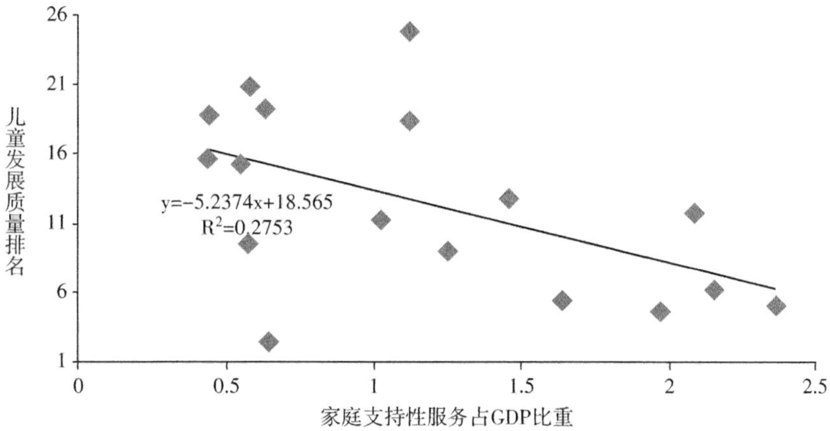

图 2-7　家庭支持性服务占 GDP 比重与儿童发展质量排序的散点图

注：数据来自 OECD 数据库（www. oecd. org/els/social/expenditure）。

托育服务支出与儿童发展质量排名（依据从好到差顺序，数字越小发展质量越好）呈负相关关系。以儿童发展质量为纵轴，托育服务支出占 GDP 比重为横轴，绘制散点图，并进行线性拟合。根据模拟线性方程可知，托育服务支出占 GDP 的比重增加 1 个单位，儿童发展质量排名提升-8.8606 个单位（见图 2-8）。托育服务有利于减轻家庭照顾时间与经济成本，而且会对儿童发展质量产生积极作用。

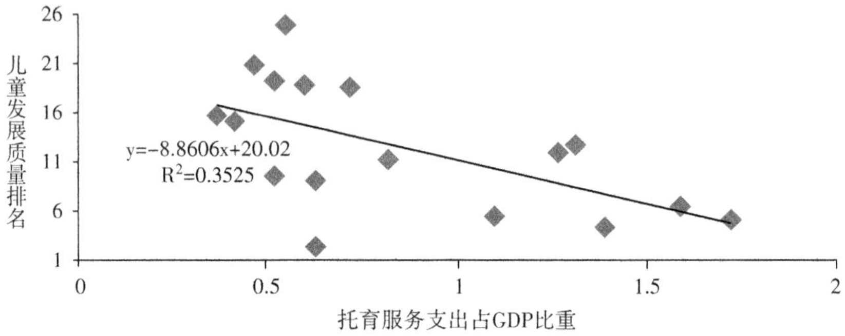

图 2-8　托育服务支出占 GDP 比重与儿童发展质量排序的散点图

注：数据来自 OECD 数据库（www.oecd.org/els/social/expenditure）。

现金支出与儿童发展质量排名（依据从好到差顺序，数字越小发展质量越好）呈正相关关系。以儿童发展质量为纵轴，现金支出占 GDP 比重为横轴，绘制散点图，并进行线性拟合。根据模拟线性方程可知，现金支出占 GDP 的比重增加 1 个单位，儿童发展质量排名提升 7.1844 个单位（见图 2-9）。现金支出在某种程度上增加了家庭资源配置的自由，但降低了政府对资源使用方向的控制，这就容易出现其他支出挤占儿童发展质量方面支出的现象，进而影响儿童发展质量提升。

税收优惠支出与儿童发展质量排名（依据从好到差顺序，数字越小发展质量越好）呈正相关关系。以儿童发展质量为纵轴，税收优惠支出占 GDP 比重为横轴，绘制散点图，并进行线性拟合。根据模拟线性方程可知，税收优惠支出占 GDP 的比重增加 1 个单位，儿童发展质量排名提升 6.8272 个单位（见图 2-10）。这充分说明税收政策是一把“双刃剑”，一方面促进儿童总生育率提高，另一方面对儿童发展质量产生负面效果。这主要由于税收设计总体上利于收入高的群体，进而导致其对低收入群体不太友好。

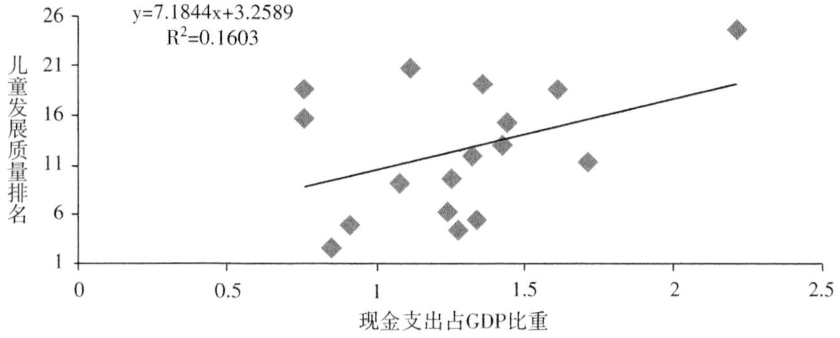

图 2-9　现金支出占 GDP 比重与儿童发展质量排序的散点图

注：数据来自 OECD 数据库（www. oecd. org/els/social/expenditure）。

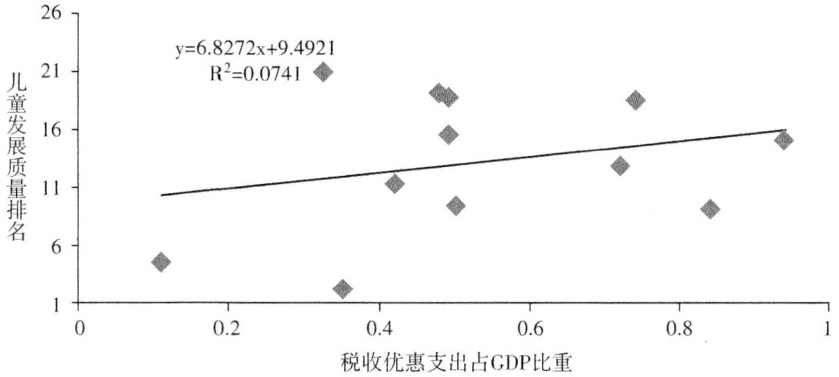

图 2-10　税收优惠支出占 GDP 比重与儿童发展质量排序的散点图

注：数据来自 OECD 数据库（www. oecd. org/els/social/expenditure）。

儿童福利支出总体能提升总和生育率和儿童发展质量。儿童福利不同支出项目产生的效果具有差异性。税收优惠支出对总和生育率的激励效果最好，但并不能有效提升儿童发展质量。托育支出对总和生育率和发展质量都产生较为明显的积极效果。现金支出对总和生育率会产生一定的积极效应，但对儿童发展质量提升作用非常有限。家庭支持性服务对总和生育率和发展质量也产生了积极效应。

第三章

儿童福利政策发展历程

儿童福利思想源远流长，贯穿于历代的施政中。其福利政策的发展也是伴随着社会的发展而发展的，与社会福利制度同步。本章主要梳理了我国古代的儿童福利政策发展、古代西方的儿童福利政策发展以及工业革命以来儿童福利政策变迁。希望对我国现代的儿童福利发展有所启发和推动。

一、古代社会儿童福利政策安排

（一）我国古代儿童福利政策

儿童福利思想，在我国是源远流长。距今三千多年前，《易经》即以“蒙以养正”揭示了育幼思想。孔子也在《礼记·礼运大同篇》中，阐扬“幼有所幼”的理念，并揭示了“幼吾幼以及人之幼”的博爱思想。儿童福利思想渐渐贯穿于历代施政中。

《周礼·地官司徒·司徒》提出：“以保息养万民：一曰慈幼，二曰养老，三曰振穷，四曰恤贫，五曰宽疾，六曰安富。”“慈幼”位列保息六政之首，可见周朝已比较重视儿童的福利。

春秋战国时期，公元前 7 世纪中期，由齐桓公发起，齐、鲁、宋、卫、郑、许、曹等国在葵丘结盟，此即历史上有名的“葵丘会盟”，周襄王也派人参加了会盟。《孟子·告子下》记载，齐桓公在会上提出了“共同纲领”（盟约），其中第三条是：“敬老慈幼，无忘宾旅。”管仲主持国政后实施九种惠民政策，即“九惠之教”。据《管子·入国》记载九惠的内容是：“一曰老老，二曰慈幼，三曰恤孤，四曰养疾，五曰合独，六曰问疾，七曰通穷，八曰振困，九曰接绝。”其中“慈幼”和“恤孤”为儿童社会工作，并由专职官员“掌幼”掌管。这实际上是开启了儿童福利工作人员专职专用理念的先例。此外，越王勾践令：“生丈夫，二壶酒，一犬；生女子，二壶酒，一豚；生三人，公与之母；生二子，公与之饩。”实际上是开创了生育补助的先例。

汉高祖七年（前200年）规定“民产子，复勿事二岁”（《汉书·高帝纪下》），即鼓励人口生育，生一个小孩免除家长两年徭役。汉惠帝六年又下令，“女子年十五以上至三十不嫁，五算”（《汉书·惠帝纪》），以五倍人头税的重税率，强制适龄女性嫁人来增加生育率。东汉的汉章帝在公元85年颁布了著名的《胎养令》：“《令》云‘人有产子者复，勿算三岁’。今诸怀妊者，赐胎养谷人三斛，复其夫勿算一岁，著以为令。”（《后汉书·章帝纪》）免除生育前后四年的重税算赋，还提供三斛谷子的“胎养谷”，用尽方法，以期增加人口。汉代实际开创了税收福利的先河。

唐朝文宗太和元年（827年）发布的“拯恤疾疫诏”：“其有一家长大者皆死，所余孩稚，十二至襁褓者，不能自活，必至夭伤。长吏劝其近亲收养，仍官中给两月粮，亦具数闻奏。”替代性儿童福利措施于此已见端倪。

宋理宗淳祐七年（1247年）设立了“慈幼局”，慈幼局是专门救助幼儿的机构。宋高宗诏令：“禁贫民不举子，其不能育者，给钱养之。”针对临安（杭州）地区乱扔婴儿的现象，政府规定凡是不能抚养婴儿的家庭，不准产后随意扔掉，尽量由国家收养。要记录下各个婴儿的出生日期，找专门的妇女进行哺乳。如果有富人家没有子女，想要一个孤儿，就可以从慈幼局领走。幼儿长大成人，政府负责为其婚配，允许生儿育女。上述措施与现在的儿童收养安置、家庭补助、急难救助等福利服务要旨相仿。

清朝时，社会救济事业迅速发展。据《大清会典》记载，保息之政有十项，其中一项为“养幼孤”，是儿童福利工作事项。此时儿童福利设施，除国家举办之外，还有地方和私人举办。如江南乡村地区的育婴机构或团体主要有育婴堂、留婴堂、接婴堂以及清代后期出现的保婴会等种类。清初，鉴于赋役制度繁杂混乱，弊端丛生。康熙五十年（1711 年）决定：“盛世滋丁，永不加赋”，将丁税按地亩征收。雍正年间将“摊丁入亩”推行全国。赋役制度的改革，废除了通行千年的人头税，减轻了无地、少地农民的生育负担，使清代人口出现了快速增长，推动经济和社会快速发展，奠定了清代康雍乾盛世的基础。

（二）古代西方社会儿童福利政策

古代西方社会，社会福利计划通常是在无序社会中促进社会秩序，平息社会动荡，或仅仅是政治家用来讨好各个阶层的一种工具。公元前 5 世纪古代雅典制定了一种工作救济形式。公元前 400 年，雅典议会为应对街头乞讨的增加，为其提供一天一个欧宝（古代希腊的银币）的公共救助，大约是普通劳动者一天报酬的六分之一。到公元前 325 年，这一数额已增加到每天两个欧宝。当罗马成为西方世界的主导力量时，也制定了公共福利条款以帮助支持穷困者。公元前 123 年，罗马开始了一项以市场一半左右的价格向其公民分发粮食的计划。该计划的成本如此之高，以至有时几乎使国家破产。到公元前 46 年恺撒时代，粮食救济已从补贴购买计划变为免费。除了可以被视为当今一般援助计划前身的粮食救济之外，罗马制定了预示现代失业补偿、老年和残疾福利以及公共工程就业的计划。公元 1 世纪，一项为有孩子的贫困家庭提供支持的政策出台，旨在增加人口。公元 2 世纪，设立了行政办公室，负责监督国库的利益分配，从而建立了现代福利官僚机构的前身。罗马的福利计划费用最终成为仅次于军事预算的第二大公共预算项目。古希腊和古罗马时代激增的公共项目尽管为社会福利历史提供了一个有趣的花絮，并且它确实说明了社会福利项目如何一直为社会稳定和政治进程作出贡献，但是，由于公共福利超越了当时经济社会发展水平，因此成本高昂的公共服务福利项目也只昙花一现。早期的基督教会，以及随后的几代人，都认真对待耶稣的命令。教会至少参与了 12 个社会事务领域：照顾寡妇、孤儿、病人、穷人、残疾人、囚犯、俘虏、奴隶和灾难受害者；埋葬穷人；提供就业服务；并为有需要的人提供膳食。这很大程度上是由于基督徒的爱和相互支持的理念，他们逐渐在罗马帝国获得了地位，公元 312 年君士坦丁大帝皈依基督教时，他们最终统治了罗马帝国。公元 313 年，君士坦丁颁布了宽容敕令，标志着基督教帝国发展的开始。国家粮食分配计划的整个管理权都交给了教会及其领导人。公元 4 世纪，教会设立了殡葬协会、救济院、敬老院、无家可归者收容所、医院和孤儿院。这些资金通常至少部分来自帝国的赠款。与每个教区相关的是执事或执事办公室。修道院还经常充当综合性社会服务机构，充当医院、敬老院、孤儿院、旅行者救助站。在中世纪，基督教会对欧洲社会产生了巨大影响。

二、工业革命以来儿童福利政策变迁

儿童福利制度发展变迁是在整个社会福利制度发展变迁阶段下进行的，儿童福利制度发展阶段也是与社会福利制度发展阶段同步的。根据时代和社会制度安排的特点，社会福利制度发展阶段可以用几个标志性事件将社会福利制度发展划分为：（1）济贫法时代（1601—1870 年），该时代以 1601 年英国《济贫法》颁布为标志，主要建立以惩戒为目的的社会救助制度。(2)“福利国家”形成阶段（从 1870 年至第二次世界大战前夕），该时代标志性事件是德国在 1881—1885 年颁布了一系列的社会保险法规。社会保险制度的实行使公民摆脱享受社会救助的污名。(3)“福利国家”成熟阶段（从第二次世界大战后至 20 世纪 50 年代末），西方资本主义国家相继建立了统一性和普惠性的福利制度。(4)“福利国家”调整时期。由于受福利支出膨胀的影响，西方国家开始对社会福利采取调整的策略，具体的策略可以分为维持与紧缩。儿童福利制度发展阶段的划分基本上与社会福利发展的阶段划分一致，具体划分为四个阶段：儿童福利萌芽阶段（1601—1870 年），相当于社会福利发展的济贫法阶段；儿童福利形成阶段（1870—1945 年），相当于“福利国家”酝酿阶段；儿童福利成熟阶段（1945—1970 年），相当于福利国家的成熟阶段；儿童福利调整阶段（1970 年至今），儿童福利进入调整、维持与扩张阶段。儿童福利政策输入受到政治、经济、人口与社会特征的综合影响，四个不同阶段在政治、经济、人口和社会方面也具有不同的特征（见表 3-1）。

表 3-1 演进中的儿童福利

	萌芽阶段	形成阶段	成熟阶段	调整阶段
政治方面	民主制度形成	民主普选制度和政治压力集团	扩大社会支出形成广泛政治认同，家庭运动	保守主义复兴，女性运动
经济方面	工业革命初期	工业发展迅速	经济强劲增长和失业率低	经济全球化与经济萧条和调整
人口方面	人口迅速增长，人口流动规模增大	生育率下降	生育率提高	生育率普遍下降
社会方面	流浪儿童和童工	婴幼儿童死亡率高	福利是权利的观念逐步建立	福利支出危机，家庭问题突出
福利政策	收容流浪儿童和进行劳动保护	医疗保护和家庭支持	普惠式的儿童津贴和服务建立	调整、维持和扩张
政策功能	社会控制	保持人口规模	保障儿童福利权利和扩大儿童投资	增强家庭能力和保护家庭和谐

（一）儿童福利萌芽阶段（1601—1870 年）

十五六世纪都铎王朝是英国历史上的黄金时代，人口迅速增长，经济蓬勃发展。然而，随着人口的急剧增长，社会需求量突然增加，对一个仍然以农业为主的社会产生了巨大的压力。通货膨胀、土地投机、圈地、失业、贫穷和污秽的城市是这个时期的公害，特别是圈地运动使大批流离失所的农民涌向城市寻找工作，伴随大量的流浪人员出现的是偷盗、流氓、乞讨等社会不安全因素急剧增加。为此，英王朝政府不得不从抓济贫入手，解决日益严重的社会问题。当时很多流浪儿童被贴上

“来自问题的家庭”、“处于流浪和犯罪的边缘”以及“身心缺陷”等标签，他们被视为影响社会治安和稳定方面的重要因素①。为了加强社会控制，1601 年，伊丽莎白女王颁布了《济贫法》，规定全国普遍设立收容贫民的济贫院，收容和救济没有劳动能力的老人、孤儿和残疾人等。

英国工业革命时期，生产从家庭里分离出来，家庭对于子女保护的控制能力减弱。一些追逐利润的工业资本家大量使用廉价的童工，并使童工的劳动时间长达 10～14 小时以上，严重摧残了儿童的身心健康。1819—1867 年英国议会被迫通过了一些工厂法，条文的重点之一是再次提出限制童工的劳动时间。1833 年的工厂法规定，禁止雇用 9 岁以下的儿童，并把 9～13 岁童工每天的劳动时间限制为 8 小时。1844 年后的工厂法把 13 岁以下儿童的劳动时间降至 6.5 小时。劳动时间的减少，为工厂儿童争取了受教育的可能性。1833 年的工厂法规定，所有 13 岁以下在纺织工厂劳动的儿童每天要接受 2 小时的义务教育，厂主如雇用没有厂医的年龄证明书和教师的入学证明书的儿童，就得接受惩罚。儿童每个星期一早晨要提交入学证明书，证明他在上周的 6 天中每天入学至少 2 小时。由于国教会派与非国教会派对工厂学校的争夺，1844 年的工厂法删除了有关宗教教学的内容，规定 8～13 岁的童工每周必须在校学习 6 个半天或 3 个整天，否则雇主不得使用儿童劳动②。从 1867 年起，工厂法从纺织厂扩大到其他工厂以至普遍实施。英国工厂法的教育条款，整体说来是微不足道的，但在当时的社会条件下它规定参加工厂

① DANIEL, P, IVATTSJ. Children and Social Policy [J]. London: Macmillan, 1998, p. 12.

② 施义慧. 19 世纪英国解决童工问题原因探析 [J]. 广西社会科学, 2003 (11): 145-147.

劳动的儿童必须接受初等教育，这对于工人阶级还是比较有利的。

在此阶段，政府对于儿童保护的介入更多是为了社会控制，从事儿童福利动机主要是政治性的；儿童福利服务对象主要局限于各种不幸儿童或困境儿童或边缘少年，例如弃婴、孤儿、残疾儿童、贫童①。

（二）儿童福利形成阶段（1870—1945年）

19世纪末至20世纪中期，西方社会经历了巨大的社会变迁，在工业化和城镇化过程中，一些家庭利用工业化和城镇化的机遇，迅速积累了大量的财富，而另外一些家庭由于各种原因导致家庭陷入赤贫的状态。社会贫富差距的扩大，增加了那些生活在贫困环境里的儿童的生存与发展风险，使儿童死亡率处于一个比较高的水平。工业化和城镇化也带来了人口的转变，大量的妇女参加劳动以及抚养儿童的成本提高，使家庭生育决策受到影响，人口生育率也呈现下降趋势。

1. 家庭功能弱化和政治压力集团形成

（1）家庭功能弱化

从19世纪70年代至第二次世界大战前夕，西方国家家庭规模发生了变化，而影响家庭规模变化的主要因素是生育率的下降。19世纪70年代，英国等工业国家平均每个妇女生育4个或5个孩子，但是到20世纪30年代和40年代，英国等工业国家平均每个妇女生育2个孩子，见表3-2。

① 刘继同．儿童福利的四种典范与中国儿童福利政策模式的选择［J］．青年研究，2002（6）：38-43.

表 3-2　英国等工业国家总的生育率（1870—1945 年）

国别＼年份	平均每个妇女生育的孩子数量					
	1870 年	1885 年	1900 年	1915 年	1930 年	1945 年
英国和威尔士	4. 94	4. 16	3. 4	2. 59	1. 95	2. 04
法国	3. 42	2. 9	2. 89	1. 5	2. 27	2. 28
德国	—	—	4. 77	2. 89	1. 88	1. 53
日本	—	—	—	—	4. 73	4. 63
瑞典	4. 11	4. 34	4. 06	3. 06	1. 96	2. 59
美国	—	—	—	—	2. 56	2. 48

注："—"表示资料缺失。

数据来源：转引自 GAUTHIER，ANNE H. The state and the family. A comparative analysis of family policies industrialized countries ［J］. Clarendon Press：Oxford，1996：14.

在家庭规模缩小的同时，由于价值的多元化，传统的伦理价值受到了冲击，离婚率也在上升。如英国从 1901 年到 1930 年，离婚率由 0. 5‰上升到 2. 1‰，在 30 年的时间里，几乎上升了 4 倍①。

在传统的家庭模式下，家庭被认为是人口再生产单位、自给自足生产能力、合作与支持以及社会化的单位②。但是生育率下降、工作场所与家庭的分离、社会风险增大和义务教育的推行，使得家庭的传统功能削弱。

（2）政治压力行动团体兴起

人口增长的减缓也引起了政治压力集团的注意，在当时主要形成了三类政治游说行动团体：家庭协会（family associations）、福利协会（welfare associations）和妇女协会（women's associations）③。行动团体

① GLASS D. Population Policies and Movements in Europe ［J］. Oxford：Clarendon Press，1940，p. 155.

② POPENOE D. Disturbing the Nest：Family Change and Decline in Modern Societies ［J］. New York：Aldine de Gruyter，1988，pp. 195-198.

③ GAUTHIER A H. Choice，Opportunities and Constraints on Partnership，Childbearing and Parenting：the Policy Responses ［J］. European Population Forum 2004：Population Challenges and Policy Responses，2004.

认为造成人口生育下降的主要原因是家庭经济困难所致，因此，为了提高人口增长率，国家应该在儿童抚养方面承担更大的责任。家庭协会的主要目的是通过政治行动使政府采取措施提高生育率和支持大家庭，以及要求政府为家庭提供家庭津贴和税收减免。这些协会在新兴资本主义国家基本上都有，最为突出的是比利时的“大家庭联盟会”（league of large family）。该协会成立于 1920 年，当时有成员 3000 人，而到 1938 年成员增加到 17.5 万人①。法国、德国、意大利等国也出现了类似的协会团体。福利协会主要关注家庭的福利需求，尤其是有儿童的困难家庭的福利需要。英国的福利协会团体比其他欧洲国家更为系统，在 1869 年，英国就成立了家庭福利协会（Family Welfare Association），该团体是英国福利团体里最大的团体，主要是为贫困家庭、贫困儿童与残疾儿童谋求利益，要求政府为这些儿童提供帮助。该团体自成立以来，每年都为超过 4.5 万户贫困家庭提供服务和支持。比利时、德国、美国等国家也存在类似的团体。妇女协会被认为是推动政府制定家庭政策最重要的力量。如在 1888 年成立以促进妇女在各个领域的福利的国际妇女理事会（International Council of Women，ICW），成为各国妇女权益保护经验交互的工作平台，促进了各国妇女权益保护工作的开展。

2. 儿童福利政策以医疗保护与家庭支持为主

工业化带来的失业、充满各种风险的工作环境以及低工资增加了家庭风险，使社会形成了一个生活和收入都缺乏安全保障的贫困阶层。传统理论认为贫困是因为个人原因所致，随着社会的发展，贫困也不被认为完全是个人原因所致，而认为贫困和儿童高死亡率都是来自恶劣的工

① GLASS D. Population Policies and Movements in Europe [J]. Oxford: Clarendon Press, 1940, p. 155.

作和生活环境所致。该阶段将贫困的原因归结于社会，为政府介入家庭提供了依据。

生育率的下降被认为是伦理方面和经济方面的因素所致。伦理方面的因素为寻求独立的女性主义兴起与传统的家庭道德受到挑战；经济方面的因素为儿童抚养的成本增大。生育率下降导致英国等工业国家的人口增长减速，而在当时的主流经济学——古典经济学派里，人口被认为是财富增长之源。亚当·斯密在《国富论》中曾明确地指出，一国的繁荣最明确的标志是居民人数的增长，并指出财富增长会提高劳动报酬，从而使人们获得更多的生活资料，使人口增长有充足的劳动报酬①。在当时国际冲突加剧的情况下，人口增长减缓被认为是对国家的经济、政治和军事力量的一个威胁。

生育率下降、家庭功能弱化、压力集团的推动与国家发展威胁，促使政府开始采取相关支持儿童和保护家庭的措施。在儿童保护方面，儿童的高死亡率并不单纯地被认为是贫困所致，母亲的忽视和教育能力低下以及不健康的工作条件都被认为是儿童死亡率处于高水平的致因②。因此，政府采取的重点支持措施为：提高母亲照顾和抚养的能力；为孕妇和产妇提供医疗救助；为困难家庭提供现金支持；改善职业母亲的工作条件。

为了防止母亲的忽视，提高母亲的抚养水平，在法国等国家的学校和社会组织向年轻妇女开展了母亲职责的教育和培训。除了教育方面的

---

① 李仲生．古典经济学派的人口经济理论［J］．首都经济贸易大学学报，2005(2)：9-13.

② STOEHR I. Housework and Motherhood: Debates and Policies in the Women's Movement in Imperial Germany and the Weimar Republic, In; BOCK G. and THANE P. Maternity and Gender Policies: Women and the Rise of the European Welfare States: 1880s-1950s [M]. London: Routledge, 1991, p. 214, p. 215, p. 225.

服务，针对妇女和儿童的救助制度也迅速发展起来。1914 年英国就有 400 多个妇女和儿童福利中心①。政府为了使儿童和妇女保护有法律保障，颁布了妇女和儿童福利方面的法律计划（见表 3-3）。这些计划提供的内容比较广泛，包括现金补贴（cash benefits）、医疗救助（medical assistance）、教育救助（education assistance）、食物补充（food supplement）、日托照顾服务（day care）等，但主要以医疗救助为主，而且救助对象都是家庭贫困的妇女或者儿童。同时，为保护妇女和儿童的健康，一些国家采取鼓励母乳喂养和加强对儿童护理产业管制的措施。对于学龄儿童，英国等国家对贫困儿童采取了免费午餐和免费体检等救助和保健措施。

表 3-3　1945 年前英国等国妇女和儿童救助计划

国别	起始年	法律名称	服务对象	服务内容
丹麦	1933	公共救助计划	医疗保险未覆盖妇女	医疗/教育救助
法国	1904	贫困儿童救助计划	贫困儿童	生活补助
	1919	婴幼儿童救助计划	婴幼儿童	生活补助
德国	1924	社会救助计划	医疗保险未覆盖妇女	医疗救助/补贴
卢森堡	1907	儿童和青年救助计划	贫困妇女和贫困儿童	医疗救助
荷兰	1912	贫困救助计划	贫困妇女	免费接生服务
挪威	1915	儿童福利计划	社会保险未覆盖孕妇	现金补贴
瑞典	1924	儿童福利法案	国外儿童	公共救助
英国	1918	母性和儿童福利法案	贫困妇女和贫困儿童	医疗/食物救助
美国	1921	谢泼德—汤纳法案	贫困妇女和贫困儿童	健康中心

资料来源：GAUTHIER，ANNE H. （1996）：The state and the family. A comparative analysis of family policies industrialized countries ［J］ . Clarendon Press：Oxford，pp. 40-42.

① GAUTHIER，ANNE H. （1996）：The state and the family. A comparative analysis of family policies industrialized countries ［J］ . Clarendon Press：Oxford.

针对家庭的津贴主要有两类：一类是针对孤儿遗孀提供的抚恤金；另一类是家庭津贴（见表 3-4）。家庭津贴对目标对象有较为严格的条件规定，服务对象主要以单亲、离异、孤儿等为主；在子女数量上，一般都要求有 1 个及以上，最高的要求需要 5 个及以上；在资格审查上，一些国家还需要进行收入审查。因此，此阶段的家庭津贴计划带有明显的补缺性质，并不是一种普惠式的制度。

表 3-4　1945 年前英国等国儿童、妇女和家庭津贴计划

国家	起始年	支持项目	服务对象	子女数量	收入审查
丹麦	1913	孤儿遗孀金	孤儿遗孀	未明确规定	未明确规定
	1933	离异家庭儿童赡养费	单身母亲	1 个及以上	不需要
法国	1913	大型家庭补助金	所有	5 个及以上	不需要
	1925	大型家庭补助金	所有	3 个及以上	不需要
	1928	孤儿遗孀保险待遇	参保职工	3 个及以上	未明确规定
德国	1911	孤儿遗孀金	参保职工	未明确规定	未明确规定
	1936	儿童津贴计划	所有	5 个及以上	需要
	1939	生育保险	所有	未明确规定	未明确规定
瑞典	1937	孤儿遗孀金	孤儿遗孀	未明确规定	未明确规定
	1937	离异家庭儿童赡养费	未婚、离婚妇女	1 个及以上	不需要
英国	1914	军属津贴	军属	未明确规定	未明确规定
	1945	家庭津贴	所有	2 个及以上	不需要
美国	1911	母亲津贴	丧偶和单亲	未明确规定	未明确规定
	1935	失依儿童的家庭补助	单亲	1 个及以上	需要

资料来源：ANNE H. GAUTHIER. Family Allowances in Industrialized Countries：Historical Landmarks［EB/OL］. http：//soci. ucalgary. ca/FYPP /images / DOCUMENTS.

由于儿童高死亡率被认为与妇女工作条件有关，因此，为了改善妇女的工作条件，国际劳动组织在 1919 年颁布的《国际劳工组织孕产妇保护公约》中规定应该在妇女产前和产后都提供6个星期的休息假期，这也推动了妇女保护。对于职业妇女的保护，存在三种观点：（1）妇女照顾儿童被认为是一种社会职能，它并不单纯是一项家庭职能，而更是一项社会功能①；（2）妇女有权选择工作，男性和女性在劳动力市场应该享受平等待遇②；（3）妇女应该有家务劳动和雇佣劳动选择的权利③。虽然三种观点在妇女权利方面存在争议，但是其共同点都强调需要政府干预，减少产假期间产妇对男性的经济依赖，提高妇女的独立性。这些措施主要包括三个部分：产假、产假津贴和日托照顾。考虑到母亲和儿童的健康是各项政策的主要目的，因此，产假成为各国立法支持的首选目标。德国是最早通过法定形式规定产假的国家，在1878年德国制定的法律中规定了产假时间为3周，接着英国、瑞典、法国、美国、丹麦和挪威都相继通过立法形式规定了产假时间（见表3-5）。

---

① STOEHR I. Housework and Motherhood: Debates and Policies in the Women's Movement in Imperial Germany and the Weimar Republic. BOCK/G., THANE P. eds. Maternity and Gender Policies: Women and the Rise of the European Welfare States: 1880s-1950s [M]. London: Routledge, 1991, p. 214, p. 215, p. 225.

② THANE P. Visions of Gender in the Making of the British Welfare State: The Case of Women in the British Labour Party and Social Policy. BOCK G., THANE P. Maternity and Gender Policies: Women and the Rise of the European Welfare States [M]. London: Routledge, 1991, p. 96.

③ STOEHR I. "Housework and Motherhood: Debates and Policies in the Women's Movement in Imperial Germany and the Weimar Republic. BOCK G., THANE P. Maternity and Gender Policies: Women and the Rise of the European Welfare States [M]. London: Routledge, 1991, p. 214, p. 215, p. 225.

表 3-5 德国等国家第一部涉及产假法律规定的时间及产假安排

国别	起始年	产假时间	国别	起始年	产假时间
德国	1878	3 周	美国	1912	4 周
英国	1895	4 周	丹麦	1913	4 周
瑞典	1900	4 周	挪威	1915	4 周
法国	1909	8 周			

资料来源：GAUTHIER，ANNE H. The state and the family. A comparative analysis of family policies industrialized countries ［J］. Clarendon Press：Oxford，p. 51.

在产假津贴支付数额上，最高是德国，德国在 1883 年的医疗保险制度中就规定产假津贴按照工资的 50%予以支付，支付最长时间是 6 周。德国在 1926 年颁布的《联邦保险法典》中将覆盖范围扩大①。后来其他国家相继采取了产假津贴支付制度，但是各国制度差异性比较大，在津贴支付类型上有强制性和自愿性两种；在津贴支付标准上，有一次性补助和定额补助等多种方式（见表 3-6）。

表 3-6 德国等国家产假津贴支付时间、类型和标准

国别	起始年	津贴支付最长时间	津贴类型	津贴支付标准
德国	1883	6 周	强制性	工资的 50%
英国	1911	4 周	强制性	一次性补助
法国	1913	8 周	强制性	定额补助
丹麦	1915	2 周	自愿性	定额补助
挪威	1915	8 周	自愿性	定额补助
瑞典	1931	8 周	自愿性	一次性补助

资料来源：GAUTHIER，ANNE H. The state and the family. A comparative analysis of family policies industrialized countries ［J］. Clarendon Press：Oxford，p. 52.

① GAUTHIER，ANNE H. The state and the family. A comparative analysis of family policies industrialized countries ［J］. Clarendon Press：Oxford，p. 52.

（三）儿童福利成熟阶段（1945—1970 年）

1. 确立了福利是权利的制度理念

一个制度的成熟首先是支撑该制度的理论基础的成熟。公民权理论与凯恩斯主义理论为儿童福利制度成熟提供了理论基础。1950 年，伦敦经济学院教授 T. H. 马歇尔在其《公民身份与社会阶级》一书中第一次系统阐述了公民权利发展的理论。T. H. 马歇尔认为公民身份可以分为三个要素部分：公民的要素、政治的要素和社会的要素。公民的要素（civil element）由个人自由所必需的权利组成：包括人身自由，言论、思想和信仰自由，拥有财产和订立有效契约的权利以及司法权利（right to justice）。与公民权利最直接相关的机构是法院。政治的要素（political element），指的是公民作为政治权利实体的成员或这个实体的选举者，参与行使政治权力的权利。与其相对应的机构是国会与地方议会。社会的要素（social element）指从某种程度的经济福利与安全到充分享有社会遗产并依据社会通行标准享受文明生活的权利等一系列权利。与这一要素紧密相连的机构是教育体制和社会公共服务体系。大致而言，公民身份的三个权利维度又可归之于如下的历史阶段：公民权利归于 18 世纪，政治权利归于 19 世纪，社会权利归于 20 世纪。公民权理论为构建以权利为导向的福利制度提供了理论支撑。为了应付经济危机而兴起的凯恩斯主义理论则为政府介入福利提供了理论支撑。凯恩斯以有效需求不足理论为基础，解释人口增长对经济发展产生的作用。凯恩斯认为资本需求取决于人口、生活水平的提高和资本技术，其中人口增长是经济增长和资本积累的重要因素。随着人口减少，导致对资本需求的减少，从而不利于资本主义经济发展。社会公民权和凯恩斯人口理论为当时政府介入儿童保护提供了理论基础。

2. 保护家庭，重视亲子关系观念盛行

第二次世界大战后各国的出生率迎来了一个增长的高峰。在 1941 年，英国平均每个妇女生育 1.47 个孩子，而到 1947 年，则达到 2.69 个，在 1964 年，达到高峰，为 2.94 个①。生育率增长，使政府从人口增长与经济增长的简单的线性关系转移到强调子女投资上，子女投资上强调亲子关系的重要性。第二次世界大战后，社会学家和心理学家的研究重点又重新回到强调传统家庭的重要性上，尤其是强调亲子关系的重要性。他们认为虽然家庭失去很多传统家庭的社会功能，但是家庭依然是儿童社会化最好的组织。因此，第二次世界大战后各国的家庭运动有力地推动了政府出台对家庭的综合性保护政策。1958 年，欧洲建立了欧洲家庭联合组织（Confederation of Family Organizations In The European Union），该组织的核心工作是推动政府制定综合性家庭政策，促进家庭代际和谐，主张家庭政策应以不歧视和平等为原则。法国联盟组织包括 661 个国家或地方性家庭组织，在法国联盟组织的推动下，法国政府在 1945 年颁布的法律中，将家庭组织定义为政府处理家庭问题的合作性伙伴②。德国、瑞典、挪威等国的家庭性组织在推动政府制定家庭保护性政策的作用也越来越大，并在政府部门设立家庭和儿童相关机构（见表 3-7）。战后的家庭政策更多强调保护亲子关系。

---

① GAUTHIER, ANNE H. The state and the family: A comparative analysis of family policies industrialized countries [J]. Clarendon Press: Oxford, p. 61.

② GAUTHIER, ANNE H. The state and the family: A comparative analysis of family policies industrialized countries [J]. Clarendon Press: Oxford, p. 68.

表 3-7 家庭和儿童相关管理机构

国别	起始年	名称
法国	1945	家庭和人口高级咨询委员会
德国	1953	家庭部
瑞典	1954	家庭委员会
英国	1948	儿童法和儿童部
美国	1950	白宫儿童会议

资料来源：GAUTHIER，ANNE H. The state and the family：A comparative analysis of family policies industrialized countries [J]. Clarendon Press：Oxford，p. 68.

3. 儿童福利制度由残缺走向普惠

在儿童福利形成阶段，家庭津贴虽然已经成为家庭福利的一个重要部分，但是该制度覆盖范围有限，一般仅仅限于收入水平低的家庭或者大家庭，并且大多数都是只包括雇佣职工，而将自由职业及农业人员排除在外。第二次世界大战后，家庭津贴的覆盖范围明显扩大（见表 3-8）。

从表 3-8 可知，家庭津贴的范围已经基本上扩大到了所有的家庭，需要通过收入审查的计划在各国家庭津贴所占比例已经很小，大多数国家将家庭津贴覆盖到一个孩子家庭。但是也要看到，在子女要求上，一些国家依然将一个孩子排除在外，如德国、英国。同时，福利计划也考虑到了津贴与通货膨胀的压力，对津贴发放还是比较谨慎的。最后各国的计划都包含着鼓励生育的政策目的。

表 3-8 家庭津贴实施方案（1945—1960 年）

国家	起始年	支持项目	服务对象	子女数量要求	收入审查
丹麦	1952	儿童津贴法案	所有家庭	1 个及以上	需要
	1961	儿童津贴法案	所有家庭	1 个及以上	不需要

续表

国家	起始年	支持项目	服务对象	子女数量要求	收入审查
德国	1954	儿童津贴法案	私人部门职工	3 个及以上	不需要
	1955	儿童津贴补充法案	所有家庭	3 个及以上	不需要
	1961	儿童津贴基金法案	所有家庭	2 个及以上	需要
挪威	1946	儿童津贴法案	所有家庭	2 个及以上	不需要
	1950	未婚妈妈津贴补助	未婚妈妈	1 个及以上	未规定
瑞典	1948	儿童津贴法案	所有家庭	1 个及以上	不需要
英国	1945	家庭津贴法案	所有家庭	2 个及以上	不需要
	1960	家庭津贴增加计划	所有家庭	2 个及以上	不需要

资料来源：ANNE H，GAUTHIER，BERENICE MONNA. Family Allowances in Industrialized Countries：Historical Landmarks［EB/OL］. http：//soci. ucalgary. ca/FYPP/images/ DOCUMENTS/FA-Chronology. doc.

战后对于职业母亲的支持力度提高，主要提高了产假时间和支付待遇，但此阶段的家庭政策并不支持女性加入劳动力市场。当时社会保障制度措施主要有三个方面：（1）使贫困家庭能维持生计；（2）给男性职工提供较丰厚的待遇，以使他能维持家庭生计；（3）充分就业成为社会发展的目标。因此，此阶段社会保障制度的完善在某种程度上是排斥女性参与劳动力市场，而支持女性充当家庭主妇角色的。此阶段产假福利改革主要有三方面：延长产假时间、推行强制性计划和将津贴支付与工资挂钩，从而提高女性产假期间的待遇。与 1950 年相比，1970 年，丹麦、法国、德国、挪威、瑞典、英国等国家的产假时间都在 11 周以上，最长的达 26 周；到 1975 年，这些国家规定的产假都在 12 周以上，最长的达 30 周。与延长产假相应的是，提高津贴支付标准，将津贴与工资挂钩，到 1975 年，德国达到工资总额的 100%，而丹麦、法国和瑞典则达到工资总额的 90%（见表 3-9）。

表 3-9 主要国家产假、津贴支付类型和时间安排

国别	1950 年		1960 年		1970 年		1975 年	
	时间	支付比例	时间	支付比例	时间	支付比例	时间	支付比例
丹麦	4 周	均一津贴	4 周	均一津贴	11 周	均一津贴	14 周	工资的 90%
法国	14 周	均一津贴	14 周	工资的 50%	14 周	工资的 50%	14 周	工资的 90%
德国	12 周	工资的 50%	12 周	工资的 75%	12 周	工资的 75%	14 周	工资的 100%
挪威	8 周	均一津贴	12 周	均一津贴	12 周	均一津贴	12 周	均一津贴
瑞典	8 周	一次性津贴	12 周	均一津贴	26 周	工资的 60%	30 周	工资的 90%
英国	4 周	均一津贴	18 周	均一津贴	18 周	均一津贴	18 周	均一津贴

资料来源：GAUTHIER，ANNE H. The state and the family：A comparative analysis of family policies industrialized countries［J］. Clarendon Press：Oxford，p. 80.

（四）儿童福利调整阶段（1970 年至今）

1. 福利制度的支出危机与挑战

经济形势变化，失业率高，充分失业目标已经被英国等政府放弃。就业形式多样化，尤其是灵活就业增多，这使家庭风险增大。家庭风险增大，需要政府采取更多的措施支持家庭，但由于福利国家成熟阶段项目扩张带来的福利支出膨胀又影响了政府的财政支出安排。同时，在福利制度成熟阶段，普惠式的福利被认为是消除社会排斥、改善人民生活和促进社会融合的举措，第二次世界大战后贫困的数据也有力证明了该观点。在 20 世纪初英国大约有 10%的人生活在贫困中，1936 年贫困人口减少到 4%，1950 年则减少到 2%。但是 20 世纪 60 年代的统计数据却挑战了人们关于福利与贫困的信念，在 1953—1954 年，贫困人口比例上升到 10%，而 1960 年则高达 18%[①]。福利制度调整还受到来自人

① REISHUS D. Financing Child Care：Who Will Pay for the Kids［J］. National Tax Journal42（3），1989，pp. 249-259.

口转变、家庭问题突出、妇女政治团体推动和经济全球化的影响。

人口结构的变化导致家庭结构和家庭动态（family dynamic）发生变化，变化主要包括生育率下降，离婚率增高，单亲家庭、婚前生育及未婚同居现象增多，女性劳动参与率提高，这些变化称之为第二次人口转变（Lesthaeghe R.，1995）。人口转变挑战以男性为主的家庭政策，因此，为应对挑战，政府需要采取多样的家庭政策，支持职业父亲不断提高生育率。

1970 年以来，家庭问题越来越成为政府关注的问题，家庭政策也成为政府社会政策中的重要组成部分。欧盟委员会发起推动成员国政府制定家庭政策的倡议，并于 1989 年成立了国家家庭政策观察委员会（Observatory on National Family Policy），该委员会负责监测各国家庭政策的发展状况。联合国在 1989 年通过的《儿童权利公约》中提出儿童应该享受医疗照顾、教育和充足的住房，尤其是在营养和住房方面应予以保障。该条约认识到日托照顾服务实施的重要性。在该条约中，家庭被认为是一个社会性组织，政府应该对家庭提供必要的保护和帮助，以确保家庭能够履行为家庭成员提供福利的责任。离婚率上升，单亲家庭增多；女性大量进入劳动市场，传统家庭分工功能弱化；儿童权利的观念日益深入人心；家庭问题已经成为各国政府重点关注的问题。

在福利国家成熟阶段，妇女团体在推动政府采取支持家庭的政策中起到了重要的作用，但是她们仍然在劳动力市场受到排斥。20 世纪 60 年代妇女运动掀起了第二次高潮，自由、平等和独立是这次运动的主题，而争取劳动力市场公平待遇则是此次运动的主要目的。国际劳工组织有力地推动了各国政府承担职业母亲福利责任，在 1965 年，国际劳工组织在《职业母亲家庭责任》（*Women Workers with Family Responsibilities*）中倡导成员国政府为职业母亲提供劳动力市场进入和退出自由制度，以及为儿童提供日托照顾服务设施等服务。

经济全球化也挑战现有的福利国家体制。经济全球化、贸易自由化，而高度管制和高福利的劳动力市场可能弱化了国家的竞争力。因此，由于担心国家的竞争力和社会倾销，以企业为代表的社会力量要求政府削减福利支出①（J. Alber ，G. Standing，2000）。当然这种观点也是存在争议的，例如欧盟认为社会政策本身就是一个提高企业生产能力的因素，只有接受良好管理和支持的企业才具有竞争优势（A. H. Gauthier，2002）。

福利政策在新的经济、政治、人口环境等多种因素的综合作用下，进入了一个调整的阶段，该阶段从20世纪60年代初期开始，一直持续到现在。

2. 儿童福利政策的减持、维持与扩张

儿童福利政策变化是比较复杂的：维持、扩大与紧缩并存。在扩大方面主要体现在家庭津贴覆盖范围与水平提高，以及与家庭有关的好政策的实施，如德国、日本和英国在此阶段将家庭津贴惠及一个孩子家庭，家庭津贴的水平也相应地有所提高。在紧缩方面，澳大利亚、加拿大、德国（德国后来又废除了收入审计程序）等国都在家庭津贴里增加了收入审查程序。增加收入审查，以确保政府能对最需要的家庭予以支持，某种程度上是对福利国家时期的统一性原则的修改。截至2002年，在OECD的22个国家中，只有丹麦、挪威、瑞典、芬兰和法国等几个国家继续实行普惠式的家庭津贴制度，其他国家先后都在家庭津贴制度中增加了收入审查程序。因此，面对社会经济形势的变化，以丹麦、

① ALBER J，STANDING G. Social Dumping，Catch-up or Convergence? Europe in a Comparative Global Context［J］. Journal of European Social Policy，(10) 2，2000，pp. 99-119.

瑞典等为代表的北欧国家采取的是维持战略，具体表现在以下几方面。

（1）减少福利依赖，提高工作激励

此阶段政府对于贫困和福利依赖采取的措施主要有三个：减少福利制度安排存在的不公平；增加对贫困儿童的支持；减少工作的逆向激励。战后福利国家基本理念是将社会权利作为公民的一项基本权利予以落实，但是忽略了制度设计过程可能产生的不公平。关于制度不公平最大的争议是来自税收福利方面的措施。对于公民的税收福利可以分为两个部分：税收扣除（Tax allowance/ deduction）和税收减免（Taxcredit）。税收减免是从应纳税收额中扣减，而税收扣除则是从应纳税所得中扣除，因此，税收减免与个人边际税率是无关的，但税收扣除则是与个人边际税率呈正相关。由于高收入者一般边际税率高，而低收入边际税率低，这样就导致从税收扣除中获利的是高收入者。因此，对税收系统的改革也是必需的，瑞典在 1951 年废除了税收扣除措施，丹麦则在 1961 年废除，接着是芬兰、挪威等国[①]。

在美国高的贫困率也被认为是由于现有的福利计划对工作的逆行激励所致。美国的失依儿童救助（Aid to Families with Dependent Children，AFDC）一方面刺激婚前生育，挑战传统伦理道德；另一方面，该计划使一些家庭并不是将该计划作为一种生活应急处理计划，而是作为一种生活来源，形成对福利的依赖。福利计划的逆向激励来自福利计划所产生的“贫困陷阱”。由于一个家庭在再分配后的可支配收入取决于税收和保险分担额的支付及救济金的取得金额，而且还在某种程度上取决于家庭的名义收入水平。当名义收入水平升高时，税收和分担额的责任也

---

① WENNEMO，IRENE. The Development of Family Policies：A Comparison of Family Benefits and Tax Reductions in 18 OECD Countries [J]. Acta Sociologica 35，1992，pp. 201-217.

提高，而可得的救济金下降。因此，由于强制的法规和家庭的具体情况，对于一个家庭来说，有可能发现他们的净可支配收入在一系列各种水平的名义收入条件下并没有显著变化。即对于一些低收入者而言，工作与不工作的净可支配收入是相差无几的，这就导致很多人选择不就业，进而长期处于一个需要接受救济的贫困状况。针对福利计划可能产生的逆行激励，美国对 AFDC 计划进行改革。

福利支出膨胀也影响了国家的财政，以英国为代表的自由主义国家开始一方面削减政府支出，另一方面引进收入审查计划（见表 3-10），丹麦、挪威、德国、瑞典、英国和美国在福利目标对象上都引入了收入审查因素，以单亲和低收入群体为主。

表 3-10　家庭津贴调整方案

国别	起始年	项目	目标群体
丹麦	1974	资源充足计划	低收入群体
	1973	家庭津贴补充计划	单亲家庭
德国	1961	社会救助计划	低收入群体
挪威	1969	家庭津贴补充计划	单亲家庭
瑞典	1964	收入维持计划	单亲家庭
英国	1966	国家保险计划	低收入群体
	1970	家庭收入补助计划	低收入群体
美国	1960	食品券计划	低收入群体
	1962	收入维持计划	单亲家庭

资料来源：ANNE H. GAUTHIER，BERENICE MONNA. Family Allowances in Industrialized Countries：Historical Landmarks［EB/OL］. http：//soci. ucalgary. ca/FYPP/images/DOCUMENTS/FA-Chronology. doc.

（2）扩大人力资本投资

对于贫困问题，除了加强对目标群体的救助外，教育也被认为是改善贫困的方法。这主要起源于社会对贫困的认识进一步加深，认为贫困不单纯是由于收入低，而且可能是由于贫困的代际转移所致。因此，为了改善这种代际之间的贫困文化传递，政府应该为儿童提供教育、健康等人力资本投资。而在 20 世纪 70 年代兴起的人力资本理论也为政府投资教育提供了理论依据。

北欧国家将儿童照顾服务作为政府的义务，儿童照顾服务成为国家福利的一个必需部分。丹麦在 1964 年颁布了儿童照顾法案（Child Care Act）。瑞典在 1968 年成立儿童中心委员会（Child Centre Commission），并于 1975 年将儿童照顾作为地方政府的一项职责。挪威在 1975 年颁布了日托照顾机构法案（Law on Day Care Institution，Gauthier，H. Anne，1996，p. 108）。各国在提供儿童照顾服务措施方面也呈现一定的差异，北欧国家将性别平等作为儿童照顾服务提供的目标，法国等国家在提供儿童照顾服务措施上更多是考虑提高生育率，而英国、美国等国认为儿童照顾服务措施提供超出政府责任的范畴，但是受人力资本理论的影响，这些国家还是比较重视学前教育的投入。各国日托所和学前教育入学率虽然存在一定差异，但是都处于一个较高水平，尤其是北欧国家和法国，无论是在 3 岁以下还是 3~5 岁都处于一个较高的水平（见表 3-11）。

表 3-11　2005 年主要国家 3 岁以下儿童入托率及 3~5 岁儿童学前教育入学率（%）

	3 岁以下	3 岁	4 岁	5 岁
丹麦	61.70	81.80	93.40	93.90
法国	26.00	100.00	100.00	100.00
德国	9.00	69.50	84.30	86.70
挪威	43.70	79.40	86.90	89.00
瑞典	39.50	82.50	87.70	89.70
英国	25.80	50.20	92.00	98.20
美国	29.50	41.80	64.10	77.00

数据来源：OECD：Family and Education databases. http：//www. oecd. org/document/4/0，2340，en_ 2649_ 348.

（3）提倡家庭友好政策

联合国欧洲经济委员会（United Nations Economic Commission for Europe，UNECE）在 1993 年的欧洲人口会议上倡导营造儿童友好（child-friendly）和家庭友好（family-friendly）环境，支持父亲协调职业角色和父亲角色冲突，建立男性和女性在职业机会和家庭责任方面的公平制度（UNECE，1993）。

传统的理念中，雇员在儿童照顾和工作中的角色是一个替代性选择，雇员选择了家庭，就意味着放弃工作，不仅没有劳动报酬，而且和企业的劳动关系也被解除①。而家庭友好（family-friendly）政策通过一系列的假期和灵活的工作时间安排，目的是协助雇员承担家庭责任，使雇员能在家庭和工作中作出一个相容的决策。家庭友好政策主要包含三个部分：（1）儿童照顾服务供给；（2）允许雇员在产期和育儿期离开工作岗位，并且保持劳动关系和支付一定比例的工资；（3）给雇员提供灵活的工作时间或空间安排，以便雇员能将家庭角色和职业角色协调起来。

---

① BUDD，JOHN W，MUNFORD，KAREN. Trade Unions and Family-Friendly Policies in Britain [J]. Industrial and Labor Relations Review（57）2，2004，pp. 204-222.

第四章

我国儿童福利体系发展现状

儿童福利的定义有广义和狭义之分。广义的儿童福利指针对全体儿童，促进儿童生理、心理及社会潜能最佳发展的各种社会措施和服务。而狭义的儿童福利主要指面向特定儿童和家庭的福利服务，特别是在家庭或者其他社会机构中未能满足需求的儿童。前者强调社会公平，普适性更强，而后者倾向于对弱势儿童的关注。我国儿童福利变迁历程主要分为四个时期：新中国成立初期以救济性福利为主要特征，聚焦对旧社会的慈善团体和救济机构进行改造。计划经济时期以单位福利为主要特征，儿童福利发展逐渐进入停滞期，以单一性、低水平、城乡二元分裂为主要特征。转型期以社区化和社会化为主要特征，社区成为社会服务的主要单元，社会福利供给主体逐步社会化，政府和家庭之外的社区、市场等主体加入儿童福利供给。21 世纪以来，与人口结构转型相对应，我国开始探索建立多层次的社会福利框架，以更从容地应对高龄化与少子化等问题带来的挑战。

一 、儿童福利的基本概念与理论基础

儿童是一个社会中的特殊成员。1989 年 11 月 20 日，联合国大会通过《儿童权利公约》指出，儿童是年龄低于 18 岁的所有人；《中华人民共和国未成年人保护法》规定的未成年人是 0~18 岁的公民。儿童福

利是针对儿童这一特殊成员的一类社会福利。从理论上看，社会福利是指国家通过立法的方式，帮助人们满足社会、经济、教育和医疗等生存和发展需要的项目、待遇或服务的制度总和。在概念上，儿童福利既具有一般社会福利的特点，又具有特定的内涵和外延。正如社会福利的概念一样，儿童福利的界定同样十分复杂。

（一）儿童福利的内涵与外延

目前，学术界普遍将儿童福利的概念分为广义和狭义两个维度。广义儿童福利，如1959年11月20日联合国大会通过的《儿童权利宣言》的定义：凡是以促进儿童身心健全发展与正常生活为目的的各种努力、事业及制度等均称为儿童福利。美国的儿童福利联盟则认为：儿童福利是社会福利中特别以儿童为对象，提供在家庭中或其他社会机构无法满足需求的一种服务；《美国社会工作年鉴》指出：儿童福利旨在谋求儿童愉快生活、健全发展，并有效地发掘其潜能，它包括了对儿童提供直接福利服务，以及与促进儿童健全发展有关的家庭和社区的福利服务。由上可见，广义儿童福利概念强调福利对象的广泛性、责任主体的多元性、福利内容的多样性。因此，广义儿童福利是由国家或社会为立法范围内的所有儿童普遍提供的旨在保证正常生活和尽可能全面健康发展的资金与服务的社会政策和社会事业（陆士桢，1997）。

相对于广义儿童福利在内容和对象上的广泛性，狭义儿童福利则主要关注特殊儿童的特殊需求。徐月宾认为，狭义儿童福利是指政府和社会为有特殊需要的儿童及其家庭提供的各种支持、保护和补偿性服务。陆士桢认为，狭义儿童福利服务的对象主要指处于不幸境地的儿童，服务功能倾向于救助、矫治、扶助等恢复性功能。由此可见，狭义儿童福利属于“补缺型”儿童福利，是国家通过立法，运用社会政策手段，针对特殊需要儿童的生活、健康、教育和权益保护为主要内容的各种津贴、服务和扶持的总和。

从儿童保护和发展的视角看，中国儿童福利具有广义特性。我国早在20世纪90年代就颁布实施了《中华人民共和国未成年人保护法》《中华人民共和国母婴保健法》《中华人民共和国收养法》等法律，构建起面向全体儿童的社会保护制度，各级政府在打击拐卖儿童、禁止使用童工、反对家庭暴力，以及儿童矫正方面开展了大量有效工作，同时，我国推行九年义务教育、适龄儿童免费接种疫苗，推行各种关爱青少年活动，这些富有成效的工作都有利于促进和实现儿童权利的保障和身心健康成长。因此，在概念上符合广义社会福利的特征和内容。

从政府基本职责的角度看，作为公共权力机构的政府，应当首先将狭义儿童福利作为自身基本职责。这里主要讨论狭义儿童福利问题。狭义儿童福利，是属于社会福利的一个子系统，专指针对失去家庭监护的孤儿、弃儿、无人抚养儿童、流浪乞讨儿童，以及贫困家庭中的残疾儿童、患重（大）病儿童、艾滋病感染儿童等特殊儿童群体的生活、养育、康复、教育等方面提供的生活保障和服务保障。其中，对孤残儿童、弃儿、流浪儿童主要采取公办福利机构供养或家庭替代性养护为主的方式，没有进入机构的孤残儿童和其他困境儿童纳入各类社会救助制度，享受孤儿津贴、低保及医疗、教育等方面的社会救助。目前这种主要针对孤残儿童、弃儿和部分贫困儿童群体，以国家“托底”的方式维持其生存和发展的福利制度，正在朝适度普惠的方向发展，从儿童保护的实际考虑，只有推动建立适度普惠型儿童福利制度建设，才能开拓我国儿童福利未来发展路径，使儿童的优先权益真正得到有效保障。

（二）儿童福利的理论基础

儿童福利概念既是对儿童福利实践的总结，又是儿童福利实践发展的理论先导。尽管广义与狭义儿童福利在内涵和外延上存在明显差别，但是，相比其他群体的社会福利而言，儿童群体尤其是对残疾、贫困和失依儿童的社会福利往往有着广泛的社会认同，国家（政府）、社会被赋予更多的责任，这实际上是人类社会在进入工业化文明以来，作为社会道德基础的人道主义、利他主义和集体主义的反映，是对普遍的公民权和对人在特定生命周期的生存权利的尊重和维护。总而言之，儿童福利概念和实践的背后有其深刻的理论基础。

从社会伦理角度看，儿童福利包含着一个社会对共同生活的人的仁慈和善意。儿童阶段是每一个人必经的发展阶段，儿童阶段人的心智和身体处在生长发育期，在成年人主导的社会里处在弱势地位，因此在一个良性社会，关注和善待儿童成为社会道德价值的应有之义，帮助和扶持特殊儿童的观念是高尚的，尊重儿童的特殊性、保护儿童免于危险既是社会正义的内在要求，也是社会道德标准的重要体现。

从国家角度看，儿童福利体现着制度化的集体责任。通常情况下，儿童作为一个家庭的一员，家庭要为其成长承担监护责任，负责满足儿童的生活和发展的需要。但是当家庭发生了危机导致家庭解体，或社会发生经济衰退，家庭的保障功能遭到破坏，这时国家作为公共权力的化身有责任建立一套旨在解决社会问题、弥补家庭功能失灵的机制，并通过立法、政策和行动方案的方式将政府、社会、家庭和其他社会组织的责任予以制度化，使之稳定、持久地得以执行和实施。尽管当前不同国家或不同模式的儿童福利在福利对象、福利内容、运行机制、责任分配上各具特点，但是，制度化是大多数民主国家和负责任国家的儿童福利的共有特点。

从社会权利的角度看，儿童福利与对社会权利的追求密切相关。社会权利是社会福利缘起和发展的起点。儿童与成年人一样拥有平等、自由和发展的权利，但是其身心特点以及在未来国家和社会发展中的作用，决定了更应当享有特殊的优待、关爱和照护，因此儿童既应当优先享有普遍公民权，又应当在健康生活方面享有专属的优待和保护权。目前各国的儿童福利制度实践也越来越趋向于根据儿童的人格差异和个别需要给予照顾，体现了以儿童利益最大为原则的儿童权益维护思想。

由上可见，儿童福利不是凭空产生的，其概念的形成是人类社会长期演化而形成的尊重生命、关怀弱者、保护人权的社会基本价值的成果。

二、儿童福利的发展历程及现状

我国政府历来都高度重视儿童福利工作，新中国成立以来，我国的儿童福利经历了计划经济时代集体福利制度、市场经济转轨时代补缺型儿童福利制度、适度普惠型制度，目前正在向基本建成适度普惠型儿童福利制度体系过渡。

（一）儿童福利制度的演变

儿童作为社会群体中的特殊群体，享受社会福利是他们的基本权益。新中国成立后，社会主义公有制建立，国家作为全体人民的代表，为包括儿童在内的全体人民提供等量平均式福利，这个时期儿童福利的特点主要是农村主要靠家庭和合作社，城市主要靠家庭和单位。虽然提供的水平高低不一，但基本上能为儿童提供一个低水平的安全网。

1978 年以后，我国进入了改革开放时代，农村实行了家庭联产承包制，分配权逐渐由人民公社向家庭转移，儿童照顾等责任也随之一起转让给家庭。在城市，一方面，伴随着国有企业的改革，尤其是 20 世纪 90 年代国有企业保障功能的社会化，以前由单位提供的职工子女可以享受的相关福利，政府没有建立相应的措施来替代；另一方面，由于国有企业与其所办托儿所、医院和学校等服务机构的分离，单位不再是儿童服务机构的财政提供者，这些都导致了城市儿童照顾等责任逐渐向家庭和社会转移。这一时期的儿童福利不论是农村还是城市主要是以家庭为主，只有在家庭和社会都失灵的情况下政府才会介入。儿童福利从属于经济的发展，虽然儿童福利事业取得了显著成就，但由于现实中国家更愿意强调父母与家庭在儿童发展中的责任，国家在儿童福利发展中主要承担托底的职责，主要是将孤儿、弃婴、孤残儿童纳入福利保障的范围，所保障的内容主要是特殊儿童的养育及相关服务。

随着社会经济发展和结构转型，这种补缺式的儿童福利模式日益受到严峻挑战。一方面，伴随着结构转型带来的价值真空和价值扭曲，传统的伦理价值观日渐淡化，产生了许多单亲儿童和被遗弃儿童；另一方面，城乡社会变迁、流动人口不断增加，产生了一大批流动儿童和留守儿童。此外，在城市尤其是北京、上海等国内一线城市，随着儿童抚养成本的不断增加，许多年轻的双职工家庭面临着儿童养育经济和照顾的双重压力，发生了一些保姆虐待婴幼儿和拐卖儿童犯罪的事件，出现了一些家庭需要临时或长期照顾婴幼儿却无法获得帮助，许多就读于幼儿园和小学的双职工家庭的孩子在放学后无人接送照顾的情况。面对新问题、新变化和新挑战，我国的儿童福利制度亟须改革和创新，建立一套符合我国实际的儿童福利制度。

（二）儿童福利领域的相关法规政策

我国现行有关儿童保护方面的政策法规十分丰富，既有国际层面的我国政府已签署、批准、加入和承诺履行的联合国机构、国际组织和国际 NGO 的多项公约、宣言、条文等；又有国家最高立法机关确立的法律；还有国务院和政府各部门制定的法规、行动纲要、具体行动方案等。内容涉及儿童的抚养、教育、医疗、保护等生活的各个方面，充分体现了儿童的生存权、发展权、被保护权和参与权等基本权利。这些政策对推动我国儿童福利事业的发展产生了积极的影响作用。

1. 法律

新中国成立以来，我国政府颁布了一系列有关儿童权益保护的法律。如《中华人民共和国未成年人保护法》《中华人民共和国义务教育法》《中华人民共和国婚姻法》《中华人民共和国收养法》《中华人民共和国残疾人保障法》《中华人民共和国母婴保健法》等。这些一般性和专项性立法对包括儿童在内的国家公民应当享有的生存权、参与权、权益维护权、教育权、受保护权等作出了明确规定。

2. 行政法规

国务院制定出台的涉及儿童福利的法规已有多部。主要有：1999年颁布的《城市居民最低生活保障条例》，2002年通过的《禁止使用童工规定》，2003年颁布的《法律援助条例》《城市生活无着的流浪乞讨人员救助管理办法》，2006年修订的《农村五保供养工作条例》，2017年修订的《残疾人教育条例》，2012年施行的《校车安全管理条例》，2014年5月1日施行的《社会救助暂行办法》等。上述法规包含涉及儿童基本生活、教育、收容救助、安全等方面内容以及国家和社会应当承担的主要职责。

3. 规范性文件

儿童福利领域中的规范性文件对我国儿童福利的制度建构和政策落实发挥着直接的规范性作用。这方面的政策性文件主要有：《关于加强孤儿救助工作的意见》《关于制定孤儿最低养育标准的通知》《关于进一步加强受艾滋病影响儿童福利保障工作的意见》《国务院关于建立健全普通本科高校高等职业学校和中等职业学校家庭经济困难学生资助政策体系的意见》《中小学幼儿园安全管理办法》《中华人民共和国行业标准儿童社会福利机构基本规范》等。这些规范性文件对儿童福利的具体政策设计、实施作出了具体规定。

4. 国际公约

我国政府高度重视儿童福利发展与国际接轨，在国际层面已签署、批准、加入和承诺履行多项由国家组织倡导的国际公约。主要有：《世界人权宣言》《儿童权利公约》《儿童生存、保护和发展世界宣言》《执行1990年代儿童生存、保护和发展世界宣言行动计划》《经济、社会及文化权利国际公约》《准予就业最低年龄公约》《跨国收养方面保护儿童及合作公约》等。这些国际公约和行动计划的加入和承诺对推动我国儿童福利事业的发展产生了积极的作用。

5. 规划纲要

儿童发展纲要是国家行动计划，体现了近年来我国政府对儿童福利实践的指导方针、政策变化和政策导向。1990 年 2 月 22 日，我国成立了专门负责全国儿童工作的协调议事机构——国务院妇女儿童工作协调委员会（国务院妇女儿童工作委员会的前身）。并于 1992 年发布《九十年代中国儿童发展规划纲要》，之后又分别于 2001 年、2011 年和 2021 年发布了《中国儿童发展纲要（2001—2010 年）》《中国儿童发展纲要（2011—2020 年）》和《中国儿童发展纲要（2021—2030 年）》。

表 4-1　儿童发展纲要主要内容

	2001—2010 年纲要	2011—2020 年纲要	2021—2030 年纲要
指导思想		高举中国特色社会主义伟大旗帜，以邓小平理论和“三个代表”重要思想为指导，深入贯彻落实科学发展观，坚持儿童优先原则，保障儿童生存、发展、受保护和参与的权利，缩小儿童发展的城乡区域差距，提升儿童福利水平，提高儿童整体素质，促进儿童健康、全面发展	高举中国特色社会主义伟大旗帜，深入贯彻党的十九大和十九届二中、三中、四中、五中全会精神，坚持以马克思列宁主义、毛泽东思想、邓小平理论、“三个代表”重要思想、科学发展观、习近平新时代中国特色社会主义思想为指导，坚定不移贯彻新发展理念，坚持以人民为中心的发展思想，坚持走中国特色社会主义儿童发展道路，坚持和完善最有利于儿童、促进儿童全面发展的制度机制，落实立德树人根本任务，优化儿童发展环境，保障儿童生存、发展、受保护和参与权利，全面提升儿童综合素质，为实现第二个百年奋斗目标、建设社会主义现代化强国奠定坚实的人才基础

续表

	2001—2010 年纲要	2011—2020 年纲要	2021—2030 年纲要
基本原则	儿童优先原则	依法保护原则、儿童优先原则、儿童最大利益原则、儿童平等发展原则、儿童参与原则	1. 坚持党的全面领导。把握儿童事业发展的政治方向，贯彻落实党中央关于儿童事业发展的决策部署，切实把党的领导贯彻到儿童事业发展的全过程和各方面。2. 坚持对儿童发展的优先保障。在出台法律、制定政策、编制规划、部署工作时优先考虑儿童的利益和发展需求。3. 坚持促进儿童全面发展。尊重儿童的人格尊严，遵循儿童身心发展特点和规律，保障儿童身心健康，促进儿童在德智体美劳各方面全面发展。4. 坚持保障儿童平等发展。创造公平社会环境，消除对儿童一切形式的歧视，保障所有儿童平等享有发展权利和机会。5. 坚持鼓励儿童参与。尊重儿童主体地位，鼓励和支持儿童参与家庭、社会和文化生活，创造有利于儿童参与的社会环境
总目标	保障儿童生存、发展、受保护和参与的权利，提高儿童整体素质，促进儿童身心健康发展。儿童健康的主要指标达到发展中国家的先进水平；儿童教育在基本普及九年义务教育的基础上，大中城市和经济发达地区有步骤地普及高中阶段教育；逐步完善保护儿童的法律法规体系，依法保障儿童权益；优化儿童成长环境，使困境儿童受到特殊保护	完善覆盖城乡儿童的基本医疗卫生制度，提高儿童身心健康水平；促进基本公共教育服务均等化，保障儿童享有更高质量的教育；扩大儿童福利范围，建立和完善适度普惠的儿童福利体系；提高儿童工作社会化服务水平，创建儿童友好型社会环境；完善保护儿童的法规体系和保护机制，依法保护儿童合法权益	保障儿童权利的法律法规政策体系更加健全，促进儿童发展的工作机制更加完善，儿童优先的社会风尚普遍形成，城乡、区域、群体之间的儿童发展差距明显缩小。儿童享有更加均等和可及的基本公共服务，享有更加普惠和优越的福利保障，享有更加和谐友好的家庭和社会环境。儿童在健康、安全、教育、福利、家庭、环境、法律保护等领域的权利进一步实现，思想道德素养和全面发展水平显著提升，获得感、幸福感、安全感明显增强。展望2035年，与国家基本实现社会主义现代化相适应，儿童优先原则全面贯彻，儿童全面发展取得更为明显的实质性进展，广大儿童成长为建设社会主义现代化强国、担当民族复兴大任的时代新人

续表

	2001—2010 年纲要	2011—2020 年纲要	2021—2030 年纲要
发展领域	儿童健康、教育、法律保护、环境	儿童健康、教育、福利、社会环境和法律保护	儿童与健康、儿童与安全、儿童与教育、儿童与福利、儿童与家庭、儿童与环境、儿童与法律保护
组织实施	1. 国务院妇女儿童工作委员会负责《纲要》的组织实施。2. 地方各级政府要结合实际制订本地区儿童发展规划，并纳入当地经济和社会发展总体规划，统一部署，统筹安排。3. 建立健全实施《纲要》的工作机制。4. 各级政府应根据财力情况，合理安排实施《纲要》所需经费	1. 加强对纲要实施工作的组织领导。国务院及地方各级妇儿工委负责纲要实施的组织、协调、指导和督促。2. 制订地方儿童发展规划和部门实施方案。3. 加强《纲要》与国民经济和社会发展规划的衔接。4. 保障儿童发展的经费投入。5. 建立健全实施《纲要》的工作机制。6. 坚持和创新实施《纲要》的有效做法。7. 加大实施《纲要》宣传力度。8. 加强实施《纲要》能力建设。9. 鼓励儿童参与《纲要》实施	1. 坚持党的全面领导。2. 落实《纲要》实施责任。3. 加强《纲要》与国民经济和社会发展规划的衔接。4. 制订地方儿童发展规划和部门实施方案。5. 完善实施《纲要》的工作制度机制。6. 加强儿童发展经费支持。7. 坚持和创新实施《纲要》的有效做法。8. 加强《纲要》实施能力建设。9. 加大《纲要》宣传力度。10. 加强儿童发展调查研究。11. 鼓励社会各界广泛参与《纲要》实施
监测评估	1. 对《纲要》的实施情况实行分级监测评估。2. 建立国家和省（自治区、直辖市）的儿童状况监测体系，制订切实可行、科学规范的监测评估方案，全面、动态地监测儿童发展状况。3. 建立定期报送和审评制度。4. 建立监测评估机构	1. 对纲要实施情况进行年度监测、中期评估和终期评估。2. 各级妇儿工委设立监测评估领导小组，负责组织领导监测评估工作，审批监测评估方案，审核监测评估报告等。监测评估领导小组下设监测组和评估组。3. 各级政府要将监测评估工作所需经费纳入财政预算。4. 建立儿童发展综合统计制度，规范和完善与儿童生存、发展有关的统计指标和分性别统计指标，将其纳入国家和部门常规统计和统计调查。建立和完善国家、省、地三级儿童发展监测数据库。5. 各级妇儿工委成员单位、相关机构及有关部门要向同级统计部门报送年度监测数据，向同级妇儿工委提交中期和终期评估报告	1. 加强监测评估制度建设。2. 加强监测评估工作组织领导。3. 加强儿童发展统计监测。4. 提升监测评估工作能力和水平。有效利用监测评估成果

三 、儿童福利发展取得的成就

党的十八大以来，对儿童的关爱保护被提到了新的历史高度。在党的关怀下，儿童福利事业取得长足发展。统计显示，截至 2021 年底，全国共有孤儿 17.3 万人，其中，社会散居孤儿 11.9 万人。事实无人抚养儿童纳入国家保障，艾滋病病毒感染儿童纳入孤儿保障体系，儿童福利服务与津贴的对象与水平均得到提升。

（一）工作机构

横向看，从中央到县级，政府设有妇儿工委，民政部门作为儿童福利工作的牵头单位，设有儿童工作相关机构，按照国务院《关于加强农村留守儿童关爱保护工作的意见》和《关于加强困境儿童保障工作的意见》要求，建立了儿童关爱保护保障工作联席会议制度，公安、人社、卫健、法院、检察院、残联等 26 个部门为成员单位，重点工作对象为农村留守儿童和困境儿童；法院、检察院、共青团、妇联内设有儿童工作机构，精神文明办设有未成年人保护委员会。纵向看，省级设有独立的儿童工作处室，市、县两级分别有负责儿童工作的科（股）室，乡镇一级配备了儿童督导员，村（居）一级配备了儿童主任。基本构建了“横向到边、纵向到底”的工作网络体系。

其中，儿童福利机构是指民政部门设立的，主要收留抚养由民政部门担任监护人的未满 18 周岁儿童的机构，包括按照事业单位法人登记的儿童福利院、设有儿童部的社会福利院等。未成年人救助保护机构是指县级以上人民政府及其民政部门根据需要设立，对生活无着的流浪乞讨、遭受监护侵害、暂时无人监护等未成年人实施救助，承担临时监护责任，协助民政部门推进农村留守儿童和困境儿童关爱服务等工作的专门机构，包括按照事业单位法人登记的未成年人保护中心、未成年人救助保护中心和设有未成年人救助保护科（室）的救助管理站等。

在基层，县级民政部门尚未建立未成年人救助保护机构的，采取了整合现有资源，明确救助管理机构、儿童福利机构等具体机构承担儿童保护的相关工作。县级民政部门及未成年人救助保护机构对乡镇（街道办事处）、村（居）民委员会开展监护监督等工作提供政策指导和技术支持。未成年人救助保护机构抚养照料儿童能力不足的，就近委托儿童福利机构代为养育并签订委托协议。

（二）儿童福利服务

就目前我国的情况看，各地儿童福利服务质量参差不齐。但是，总体看服务对象已经实现从被遗弃的孤儿到困境儿童的拓展，服务的理念也从保障儿童基本生活演进到维护其最佳利益。

1. 儿童福利由补缺型向适度普惠型转变

保障对象扩大。目前儿童福利工作的保障对象不仅包括机构内集中养育的孤儿、弃婴，同时也包括社会上散居的孤儿、流浪儿童、无人抚养的服刑人员未成年子女等困境儿童。

保障内容拓展。对于孤儿弃婴，不仅对院内养育的孤儿弃婴提供了其成长所需要的养、治、康、教等专业化服务，部分地方还开展了家庭寄养与类家庭服务，以试图让这些孩子拥有生活在家庭和社区的机会。

对于困境儿童，除了基本生活保障的津贴、监护责任落实的保护服务外，政府在城乡基层社会还着力健全服务网络，为困境儿童提供一系列福利政策与服务。儿童福利津贴方面，津贴项目覆盖的对象从地震致孤儿童逐步扩展至全体孤儿、受艾滋病影响儿童、残疾儿童和事实无人抚养儿童等困境儿童。

保障推进方式转变。传统的儿童福利事业重点在机构内，机构是城乡分割的，保障和服务标准差别大，发展不平衡。从孤儿的分布来看，农村户口孤儿占孤儿总数的 86.3%。农村孤儿救助水平低，保障面积小。新时期，在儿童福利领域，坚持城乡统筹的方式推进，将城市福利机构集中养育的孤儿、弃婴、城市散居孤儿与农村散居孤儿统一纳入孤儿保障制度之中。

2. 儿童福利服务体系逐步健全

家庭养育的基础性地位进一步加强。我国儿童福利尤其要强化家庭的责任，坚持家庭的基础性地位。家庭养育主要有亲属抚养、收养和家庭寄养等形式。各级政府通过保障孤儿基本生活费，能够对亲属家庭给予一定的经济帮助，强化亲属监护孤儿的能力，巩固了家庭的稳定性和基础地位，使得孤儿在相对熟悉的家庭环境中成长。

3. 福利机构规范化、专业化建设进一步提高

随着“十三五”儿童福利机构建设规划的顺利实施，各地通过深化改革，加强儿童福利机构建设，规范机构管理，加强人员培训，使机构的功能不断完善，逐步由封闭型向开放型、由救济型向福利型、单纯养育型向养育、康复和教育型转变，由“养、治、教”功能向具备康复、特教、职业技能培训等功能的方向完善，使儿童福利机构在我国儿童福利体系中充分发挥骨干作用。新时期，儿童福利机构主要加强了以

下功能建设：一是集中收养的功能。孤儿和弃婴的身心状况决定其不可能完全被收养和家庭寄养，福利机构传统的集中养育功能长期存在，并且发挥着兜底作用，是保障孤儿和其他未成年人一样健康成长的最后一道“安全网”。二是福利服务功能。为残疾孤儿、弃婴提供医疗救治、康复训练、特殊教育及职业技能培训等福利服务的功能。三是管理和指导的功能。随着大量社会散居孤儿、事实无人抚养儿童以及其他困境儿童逐步被纳入儿童福利保障范围，机构所承担的相应职能也越来越多。有些地区还尝试依托儿童福利机构，建立孤儿服务管理指导中心，定期巡访孤儿的养育质量和生存状况，监督孤儿各项权益的落实。有些机构还充分利用自身的优势，对孤儿家庭进行支持和指导。四是辐射社区的服务功能。随着儿童福利机构建设的不断加强，机构在照料、医疗、康复和特教方面的功能逐步完善，设施齐全，人员专业，能够为孤残儿童提供规范、专业的福利服务。在满足在院孤儿、弃婴需要的基础上，还能够辐射社区，为社区家庭的残疾儿童提供所需服务，推动我国儿童福利逐步由救济型向适度普惠型发展。如江苏南京、苏州、无锡等地的福利院设立的聋儿康复中心、脑瘫康复训练中心等，不仅为残疾孤儿提供了康复医疗、特教等服务，也为社区残疾儿童家庭排忧解难。

4. 儿童福利工作者队伍建设不断加强

2007 年 1 月，在民政部的积极争取下，“孤残儿童护理员”作为新的职业，由劳动和社会保障部正式发布，年中，民政部会同劳动和社会保障部出台了《孤残儿童护理员国家职业技能标准》。2008 年，民政部完成了《孤残儿童护理员国家职业技能培训评价教材》的编写与题库开发，依托儿童福利机构建立了考试中心和学习中心，并在试点地区开展了教材的试培训工作，初步建立起了孤残儿童护理员职业制度。2016

年以来，在乡镇（街道）和村（居）委会设立儿童督导员与儿童主任等。确保有能力、有爱心、有责任心的人员从事儿童关爱保护服务工作，做到事有人干、责有人负。2020 年修订的《中华人民共和国未成年人保护法》明确规定，居民委员会、村民委员会应当设置专人专岗负责未成年人保护工作，协助政府有关部门宣传未成年人保护方面的法律法规，指导、帮助和监督未成年人的父母或者其他监护人依法履行监护职责，建立留守未成年人、困境未成年人的信息档案并给予关爱帮扶。截至 2020 年 5 月底，我国已实现儿童主任、儿童督导员在所有乡镇（街道）和村（居）委会的全覆盖，全国共有 4.8 万名儿童督导员，66.3 万多名儿童主任上岗。他们在城乡基层负责将我国儿童福利政策与服务传递发送至有需要的儿童及其家庭，是儿童福利与保护的一线工作者。经过系统的培训和实践锻炼，他们需要在政策宣传、家庭随访、亲职指导、问题的发现报告和初级评估干预等方面发挥积极作用。

5. 建立了社会参与、国际合作机制

一是社会参与程度日益提高。孤儿群体历来是慈善事业关注的重点。随着孤儿救助工作的推进和“明天计划”“蓝天计划”爱心工程、品牌工程的打造，越来越多的社会力量参与儿童福利事业。民政部与李嘉诚基金会合作实施的“重生行动——全国贫困家庭唇腭裂儿童手术康复计划”，是社会力量参与儿童医疗救助的成功探索。各级民政部门和儿童福利机构，采取有力措施，利用多种形式，广泛开展公益活动、志愿者活动，营造了良好的社会环境，吸引了社会各界关心和参与儿童福利工作，广泛动员社会力量为儿童提供福利服务，不断壮大儿童福利资源。二是国际项目合作富有成效。我国与联合国儿童基金会、英国救助儿童会、美国半边天基金会等国际组织，在预防弃婴、艾滋病致孤儿童救助安置、社区儿童康复、儿童权利公约培训、社会工作者职业培训、家庭寄养规范、儿童养育模式等多个领域，开展了广泛深入的合作，不仅切实改善了项目地区的各项工作，而且为整个儿童福利事业带来了先进的理念和经验，强化了“儿童权利”意识，推动了家庭寄养管理规范等多项儿童福利政策的出台，探索了适合中国国情的儿童养育模式，提升了我国儿童福利事业的专业化水平。

（三）儿童福利建设

1949 年中华人民共和国成立以来，党中央始终高度重视关爱保护儿童，尤其是党的十八大以来，我国对儿童的关爱保护被提到了新的历史高度。在党的关怀下，儿童福利事业取得长足的发展。党的十九大报告首次增加了“幼有所育”一词。党的十九届四中全会提出了“统筹完善社会福利”。党的十九届五中全会提出了“降低生育、养育和教育成本”。在实施“十四五”规划、开启全面建设社会主义现代化国家新征程的第一年，又采取了颁布实施新修订的《中华人民共和国未成年人保护法》、发布《“十四五”积极应对人口老龄化工程和托育建设实施方案》、放开“三孩”生育等一系列举措，充分说明儿童福利已经成为国家发展战略的重要组成部分。近 10 年来，我国儿童福利发展取得显著成就。

1. 儿童健康水平显著提高

近年来，我国儿童医疗保健服务能力全面提升，出生缺陷防治取得明显成效，儿童死亡率持续下降，儿童健康水平明显提升。严重致残的出生缺陷发生率从 2010 年的 17.47‰下降至 2020 年的 10.40‰，下降幅度超过 40%。全国婴儿死亡率和 5 岁以下儿童死亡率连续 7 年持续下降，2020年分别为5.4‰和7.5‰，分别比2010年下降7.7个和8.9个千分点。

2. 儿童生长发育持续改善

近10年来，我国相关部门扎实推进儿童营养改善行动，更加注重婴幼儿科学喂养，儿童尤其是贫困地区儿童营养状况持续改善。2020年，全国儿童低出生体重发生率为3.25%，5岁以下儿童贫血患病率、生长迟缓率和低体重率分别为4.51%、0.99%和1.19%，分别比2010年下降0.87个、0.13个和0.36个百分点。

3. 儿童教育全面提质

目前，我国已建成广覆盖、保基本、有质量的学前教育公共服务体系。2020年，全国学前教育毛入园率为85.2%，比2010年提高28.6个百分点。九年义务教育改革不断深化，义务教育实现全面普及。义务教育均衡发展持续推进，义务教育质量进一步提高。2020年，全国九年义务教育巩固率为95.2%，比2010年提高4.1个百分点。2010年以来，小学学龄儿童净入学率保持在99.7%以上，小学升学率保持在98%以上。同时，残疾人受教育机会不断扩大。

4. 儿童保护机构建设稳步推进

近10年来，我国儿童福利机构和未成年人救助保护机构建设不断加强，机构数量稳中有升，为开展儿童福利保护服务提供了有力保障。截至2020年底，全国共有儿童福利和救助保护机构760个，比2010年底增加280个；机构共有床位10.1万张，比2010年底增加4.5万张。其中，儿童福利机构508个，床位9.1万张；未成年人救助保护中心252个，床位1.0万张。2020年，全年共救助流浪未成年人3.1万人次。

5. 孤儿生活状况明显改善

为全面落实 2010 年《国务院办公厅关于加强孤儿保障工作的意见》，中央财政安排专项资金补助各地发放孤儿基本生活费，孤儿生活状况得到明显改善。遗弃儿童现象大幅减少，孤儿数量连续 8 年持续下降。截至 2020 年底，全国共有孤儿 19.3 万人；其中，集中养育孤儿和社会散居孤儿分别为 5.9 万人和 13.4 万人。2020 年，集中养育孤儿和社会散居孤儿每人每月基本生活保障平均标准分别为 1611.3 元和 1184.3 元，分别比 2016 年提高 467.6 元和 391.4 元。

6. 残疾儿童康复服务水平显著提升

近 10 年来，国家先后实施残疾儿童抢救性康复项目、残疾儿童康复救助制度，目前全国残疾儿童康复救助政策体系、工作体系和服务网络全面建立，为开展残疾儿童康复救助提供了有力保障。截至 2020 年底，全国开展残疾儿童康复的残疾人康复机构有 10440 个，比 2011 年增加了 7300 个。2020 年，全国共有 23.7 万名 0~6 岁残疾儿童接受了基本康复服务，比 2016 年增加 8.7 万人，接受基本康复服务的残疾人中 0~6 岁残疾儿童比重为 2.2%。

第五章

OECD国家儿童福利政策安排

儿童福利是社会保障制度中最基本和最核心的部分，西方工业化国家大多有儿童保护的传统，许多国家尤其是经济合作与发展组织国家（Organization for Economic Cooperation and Development，OECD）都建立了儿童福利制度，儿童福利已成为工业化国家社会保障体系中的重要组成部分。对儿童的资助不仅体现了一种社会正义原则，而且也强化了家庭责任感和社会责任感。

一、与儿童相关的家庭政策

低生育率已成为全球的问题，许多国家纷纷出台政策鼓励生育。与儿童相关的家庭政策包括家庭福利公共支出、家庭现金支出、税收减免和儿童保护服务等。

（一）家庭福利公共支出

家庭福利公共支出包括专门为家庭和儿童提供的财政支持。广义上讲，家庭公共支出可分为三类：（1）向有孩子的家庭提供与儿童有关的现金转移，其中包括儿童津贴，以及在某些国家和地区为单亲家庭提供的收入支持。（2）为有孩子的家庭提供服务的公共支出，包括直接资助或补贴儿童保育和幼儿教育设施、通过向父母支付专项款项提供的公共儿童保育支持、为年轻人和住宅设施提供援助的公共支出，以及家庭服务的公共开支，包括以中心为基础的设施和为有需要的家庭提供的家庭帮助服务。（3）通过税收系统为家庭提供的财政支持，包括免税（如不包括在税基中的儿童福利收入）、儿童免税额（从总收入中扣除但不包括在应税收入中的儿童金额）和儿童税收抵免（从纳税义务中扣除的金额）。如果任何超过负债的儿童税收抵免以现金形式退还给纳税人，则由此产生的现金支付记录在上述现金转移中（同样适用于作为一般规则以现金支付给收款人的儿童税收抵免）。在许多 OECD 国家，包括比利时、德国、法国、爱尔兰、葡萄牙和瑞士，对有孩子家庭的支持包含在税收单位中。因此，在给定的收入水平上，家庭越大，应税收入就越低。这些措施可能不是税收支出，但这些政策明确规定了对有孩子的家庭的财政支持，并且这种支持包含在数据中。然而，并非所有 OECD 国家都将对已婚夫妇的支持视为“社会政策”，这方面的财政措施也不被视为具有社会目的的税收减免。适当的类比是，受抚养子女的存在导致有资格在社会保护系统中获得现金福利，而婚姻合同则不然。因此，比利时、法国、德国和日本等国对已婚人士的税收优惠不被视为服务于“社会目的”，因此不包括在此处（无论这些措施是否属于基本政策的一部分）的税收结构中。OECD 国家平均将 GDP 的 2.34%用于家庭福利，各国差异很大。丹麦、法国、匈牙利和瑞典的家庭福利公共支出接近 GDP 的 3.5%，而韩国、墨西哥、西班牙、土耳其和美国的公共支出低于 GDP 的 1.5%。现金、服务和税收措施的支出比例因国家而异。大多数（但不是全部）OECD 国家在现金福利上的支出超过了为有孩子的家庭提供的服务或税收减免。相比之下，在智利、哥伦比亚、丹麦、芬兰、法国、德国、冰岛、日本、韩国、立陶宛、墨西哥、挪威、西班牙、瑞典、土耳其和美国，服务支出占家庭福利支出的一半以上。在捷克共和国、法国、德国、匈牙利和瑞士，家庭税收减免的公共支出占 GDP 的 0.5%以上（见表 5-1）。

表 5-1　OECD 国家家庭福利方面的公共支出占 GDP 比重（%）

国家	总计	现金	服务	税收减免	国家	总计	现金	服务	税收减免
法国	3.60	1.42	1.46	0.72	瑞士	2.32	1.25	0.57	0.50
匈牙利	3.47	1.61	1.12	0.74	拉脱维亚	2.23	1.35	0.87	0.01
丹麦	3.40	1.32	2.08	0.00	澳大利亚	2.10	1.40	0.70	0.00
瑞典	3.40	1.24	2.15	0.00	立陶宛	2.08	0.86	0.91	0.31
挪威	3.35	1.27	1.97	0.11	斯洛伐克	2.01	1.12	0.58	0.32
卢森堡	3.30	2.35	0.94	0.00	斯洛文尼亚	1.85	1.18	0.66	0.00
冰岛	3.27	0.91	2.36	0.00	荷兰	1.84	0.85	0.64	0.35
英国	3.23	2.12	1.12	0.00	日本	1.79	0.65	0.93	0.20
德国	3.17	1.08	1.25	0.84	加拿大	1.77	1.43	0.23	0.11
比利时	3.15	1.71	1.02	0.42	智利	1.77	0.73	1.05	0.00
爱沙尼亚	3.00	2.02	0.81	0.17	葡萄牙	1.69	0.76	0.44	0.49
波兰	2.99	2.00	0.61	0.38	哥伦比亚	1.66	0.34	1.32	0.00
捷克共和国	2.92	1.44	0.54	0.94	希腊	1.62	1.30	0.32	0.00
芬兰	2.87	1.23	1.64	0.00	爱尔兰	1.62	1.20	0.36	0.06
以色列	2.64	1.13	1.12	0.39	西班牙	1.31	0.51	0.68	0.12
奥地利	2.62	1.88	0.70	0.03	韩国	1.30	0.15	0.95	0.20
欧盟	2.57	1.35	0.93	0.29	美国	1.08	0.07	0.56	0.46
意大利	2.47	1.35	0.63	0.48	墨西哥	0.88	0.34	0.54	0.00
新西兰	2.46	1.27	1.19	0.00	土耳其	0.49	0.22	0.26	0.01
OECD	2.34	1.16	0.95	0.23					

注：数据来自 OECD 数据库（www.oecd.org/els/social/expenditure）。

（二）家庭现金福利

家庭现金福利指与家庭相关的向家庭转移的现金支出，通常采取儿童福利、家庭津贴或与家庭相关的可退还/不可浪费税收抵免的形式。这些福利可以是普遍的或经过经济状况调查的（即资格和/或支付水平取决于收入和/或资产）。相关机构根据家庭特征、儿童特征和/或父母的劳动力市场状况综合评估支付水平以提供福利。家庭现金福利基本上可以分为三种类型：一是与家庭特征相关的，包括单亲福利和大家庭福利；二是与儿童特征相关的，包括 0~3 岁儿童福利和 4 岁及以上儿童福利；三是与父母劳动力市场状况相关的，包括工作税收抵免和托儿津贴。对 OECD 国家进行统计发现，在 35 个有可用信息的经合组织国家中的 34 个提供至少一种类型的家庭福利，其中大多数（30 个国家）提供至少两种或更多。21 个经合组织国家提供单亲福利或同等福利。9 个国家（丹麦、爱沙尼亚、芬兰、德国、拉脱维亚、立陶宛、挪威、斯洛伐克共和国和瑞典）也提供某种类型的赡养费，通常以父母不能支付子女抚养费为条件（丹麦、爱沙尼亚、德国、立陶宛、挪威、斯洛伐克共和国和瑞典）。一些经合组织国家还提供以儿童为条件的家庭福利，其中大部分是与学校相关的福利。三个国家（法国、意大利和挪威）还为有年幼子女的父母提供经过经济状况调查的福利。一些经合组织国家还根据父母的劳动力市场状况提供家庭福利，通常以在职家庭税收抵免或儿童保育津贴的形式。在提供至少一种家庭福利的国家中，超过三分之二的国家提供两到三种不同的福利。在挪威，有六种不同类型的家庭福利，视不同特征而定，这些特征可能相互排斥，也可能不排斥。

通过模拟两个孩子（最大的 12 岁，最小的 9 岁）家庭福利总额值测算不同类型家庭收入水平。在经合组织国家中，单亲家庭通常比许多类型的双亲家庭获得更多的家庭福利。在德国、拉脱维亚和斯洛伐克共和国，父母以中等工资从事兼职工作的二孩单亲家庭获得的家庭福利至少相当于平均全职收入的 25%。在波兰，类似的家庭领取的家庭福利相当于平均全职收入的 36%。在经合组织国家中，该类型的单亲家庭平均获得的家庭福利价值略低于平均全职收入的 14%。双亲家庭的家庭福利通常较低，尤其是当他们至少有一名高收入者时。在大多数国家，无论最小孩子的年龄如何，家庭福利的慷慨程度都保持不变。然而，一些国家（如加拿大、冰岛、韩国，尤其是捷克共和国）在孩子较小时提供更丰厚的家庭福利，而在其他一些国家（如澳大利亚、比利时、法国和瑞士），对于有大孩子的家庭其家庭福利的总价值更高。平均而言，在经合组织国家中，最小的孩子 3 岁（占平均全职收入的 6%）比 9 岁（占平均全职收入的 5%）时，家庭福利的价值（对于这种家庭类型）略高。在 OECD 国家中，家庭福利收入通常会随着家庭规模和家庭儿童数量的增加而增加。通过模拟一个双亲双职工家庭计算家庭福利慷慨程度，按家庭中的子女人数计算，假设最小的孩子 6 岁。平均而言，在 OECD 国家中，当孩子的数量从 1 个（占平均全职收入的 2%）增加到 2 个（占平均全职收入的 5%）时，这种家庭类型的家庭福利会提高一倍以上，然后再到 3 个孩子翻一番（占平均全职收入的 10%）。4 个孩子平均获得的家庭福利价值约为平均全职收入的 15%（具体见表 5-2）。不同国家呈现了差异，卢森堡是比较慷慨的，从 1 个孩子到 4 个孩子，家庭福利收入也从占平均收入的 5.9%上升到 33.5%。西班牙、土耳其、美国三个国家针对双亲家庭缺少相应的制度安排。根据家庭孩子数量设计相应的家庭现金支持的国家中，除韩国以外，其他国家从 1 个孩子到 4 个孩子，家庭福利收入总体上呈递增趋势（见表 5-2）。

表 5-2 部分 OECD 国家双亲、双收入家庭福利总额占平均收入之比（%）

国家	1 个孩子	2 个孩子	3 个孩子	4 个孩子	国家	1 个孩子	2 个孩子	3 个孩子	4 个孩子
澳大利亚	0.0	2.6	7.6	14.2	日本	2.3	4.6	8.0	10.3
奥地利	4.8	10.0	15.1	20.4	韩国	2.5	2.5	2.5	2.5
比利时	2.9	8.1	15.9	23.8	拉脱维亚	1.2	3.5	6.9	6.9
保加利亚	2.8	7.8	11.7	12.6	立陶宛	3.3	6.6	14.8	19.8
加拿大	5.1	10.7	17.1	27.0	卢森堡	5.9	13.1	23.3	33.5
智利	1.4	2.8	4.2	5.6	马耳他	1.9	3.9	5.8	7.7
克罗地亚	0.0	0.0	14.0	23.0	荷兰	1.9	3.7	5.9	8.5
塞浦路斯	1.8	4.5	13.0	26.5	新西兰	0.0	0.0	4.0	10.3
捷克	0.0	0.0	0.0	11.9	挪威	1.9	3.9	5.8	7.8
丹麦	3.4	6.0	8.7	11.3	波兰	0.0	11.0	22.1	49.1
爱沙尼亚	4.2	8.4	38.9	46.5	葡萄牙	0.0	3.7	6.1	8.1
芬兰	2.6	5.5	9.1	13.3	罗马尼亚	2.4	4.8	13.7	18.3
法国	0.0	4.0	11.0	20.1	斯洛伐克	2.4	4.8	7.1	9.5
德国	4.6	9.2	14.0	19.3	斯洛文尼亚	2.9	7.6	17.2	28.9
希腊	1.6	4.8	14.5	21.7	西班牙	0.0	0.0	0.0	0.0
匈牙利	3.6	7.9	22.8	27.5	瑞典	2.8	6.0	10.0	15.5
冰岛	1.1	2.5	4.0	6.8	瑞士	2.7	5.5	8.9	12.4
爱尔兰	3.6	7.1	10.7	14.3	土耳其	0.0	0.0	0.0	0.0
以色列	1.2	2.7	4.1	5.6	英国	2.7	4.6	6.4	8.2
意大利	1.7	3.0	7.2	18.1	美国	0.0	0.0	0.0	0.0
OECD	2.1	5.0	10.1	15.4					

注：数据来自 OECD 数据库（www.oecd.org/els/social/expenditure）。

（三）儿童保护服务

儿童保护是指旨在保护儿童福祉的一系列服务，儿童保护主要是为了防止虐待行为。虐待的主要类型分为忽视、身体虐待、性虐待和心理/情感虐待（包括成人对成人的家庭暴力）。虐待的法律定义因国家而异（有时因国家/地区的州、地区或省而异），这些通常需要法院系统进一步定义。儿童死亡率可以作为极端结果的“冰山”指标。这可以表明更广泛的虐待儿童的潜在比率。该指标基于国际疾病分类（International Classification of Diseases，ICD）协议下各国的统一数据，显示因故意和意外伤害造成的儿童死亡率。故意伤害导致的死亡可能是虐待的直接后果，而意外伤害导致的死亡可能是忽视的结果（只有部分，但不是全部，儿童意外死亡可被视为虐待，因为某些意外死亡将超出责任范围看护人）。禁止对儿童进行体罚的立法可以作为对任何形式的针对儿童的暴力行为的法律威慑，但儿童保护系统/服务（Child Protective Services，CPS）的国际比较很困难，因为在处理各国儿童保护问题时缺乏统一的方法，并且由于收集系统信息以最大限度地减少虐待的方式各不相同。衡量 CPS 工作的常用技术方法是基于通知率（CPS 处理的案件数量），但是，无法在各国可比较的基础上获得数据，并且通知率通常可以简单地反映一个国家的监测数量，而不是虐待的实际水平。接受国家照料的儿童比例（即寄养或儿童之家的儿童），通常反映了受国家照顾的儿童。该指标显示了在学龄儿童健康行为（Heath Behaviour in School-aged Children，HBSC）调查中报告的 11 岁、13 岁和 15 岁儿童生活在国家照料机构中的比率。

对部分 OECD 国家每 10 万名 0～14 岁儿童的死亡人数统计表明：

一是每 10 万名 0~14 岁儿童的死亡人数中因意外事故导致的普遍高于因故意伤害导致的。这说明意外伤害是导致儿童死亡的主要原因。二是儿童死亡率与福利制度存在一定的关联。在丹麦等国家，儿童福利制度建设比较健全，儿童死亡率比较低，每 10 万名 0~14 岁儿童中因故意伤害导致的儿童死亡人数为 0。三是儿童死亡率总体上较低，但仍有部分国家儿童死亡率还比较高，如墨西哥（14.9 人）、爱沙尼亚（12.5 人）、美国（10.7 人）（详见表 5-3）。

表 5-3　部分 OECD 国家每 10 万名 0~14 岁儿童的死亡人数

国家	因故意伤害导致（人）	因意外事故导致（人）	国家	因故意伤害导致（人）	因意外事故导致（人）
美国	2.1	8.6	荷兰	0.5	2.3
墨西哥	1.4	13.5	德国	0.6	2.9
爱沙尼亚	2.0	10.5	丹麦	0.0	3.3
韩国	1.2	6.6	挪威	0.4	2.8
斯洛伐克	0.6	6.7	以色列	0.2	3.9
比利时	1.1	4.0	斯洛文尼亚	0.0	3.2
新西兰	1.1	8.1	法国	0.4	3.7
匈牙利	0.9	4.0	瑞典	0.3	1.7
捷克	0.5	3.6	爱尔兰	0.3	3.7
葡萄牙	1.0	8.0	澳大利亚	0.3	4.6
日本	0.8	3.4	英国	0.3	3.1
波兰	0.7	5.5	西班牙	0.2	4.2
奥地利	0.3	3.3	意大利	0.2	2.9
冰岛	0.0	0.0	希腊	0.1	4.2
芬兰	0.4	2.7	卢森堡	0.0	2.3
瑞士	0.3	3.0			
加拿大	0.7	4.4			

注：数据来自 OECD 数据库（www.oecd.org/els/social/expenditure）。

在大多数OECD国家，相当多的父母认为可以采用温和形式的体罚（如打耳光或打屁股）来管教孩子（见表5-4）。丹麦和瑞典是例外，最近的一项研究表明，大约57%的父母反对使用体罚。此外，与此类活动相关的立法反映了社会对体罚儿童的态度。大约一半的OECD国家颁布了禁止父母对儿童使用体罚的法律。瑞典是第一个禁止在家体罚的国家（1979年），其次是芬兰（1983年）和挪威（1987年）等其他北欧国家。

表5-4 部分OECD国家对体罚的态度及体罚发生率

	对体罚的态度		体罚发生率
	接受	不能接受	
澳大利亚	41%的家长认为拍打能有效塑造儿童的性格；69%的人同意有时需要打顽皮的孩子		71%的家长偶尔打孩子；43%的人可能或非常可能使用一次耳光作为惩罚
比利时	77%的家长可以接受打孩子（17%的家长是始终可接受，60%的家长是在某些情况下可接受）	19%的家长不可接受	
加拿大	64%的家长支持使用武力，例如被父母打屁股		50%的家长报告说他们对孩子“施加了轻微的体罚，就像一记耳光”；6%的家长称他们“实施了痛苦的体罚”
智利			51%的家长用手打屁股，39%的家长摇晃孩子，27%的家长拧扭，24%的家长拉扯头发，18%的家长击打，13%的家长打耳光，12%的家长击中孩子指关节，3%的家长夹伤孩子
塞浦路斯	15%的家长认为打屁股是一种社会可以接受的儿童管教方法		
丹麦			12%的3岁儿童“有时”或“很少”被打屁股

续表

	对体罚的态度		体罚发生率
	接受	不能接受	
爱沙尼亚	41%的家长支持使用体罚		
芬兰	25%的家长认为至少在特殊情况下可以接受儿童体罚		73%的女性家长和68%的男性家长报告说他们有时会使用体罚
德国			54%的家长经常使用“轻微”体罚（如殴打和打屁股）；17%的家长经常使用“严重”体罚；28%的家长很少诉诸纪律处分和“尽可能”没有使用体罚
意大利	69%的家长可以接受打孩子（在任何情况下，其中7%的家长始终可以接受，62%的家长需要考虑）	25%的家长在任何情况下都不可接受	严重暴力事件的发生率为8%
韩国			45%的家长报告说他们打过、踢过或殴打过自己的孩子
墨西哥			55%的母亲和29%的父亲报告使用体罚
新西兰	80%的家长认为张开手捶打是合法的		51%的家长报告说使用了体罚，45%的家长打屁股
波兰	54%的家长考虑用皮带殴打儿童可以接受，77%的家长可以对孩子大喊大叫和威胁孩子		
葡萄牙	83%的家长可以接受打孩子（其中16%始终可以接受，67%大部分情况下可接受）	13%的家长在任何情况都不可接受	
罗马尼亚			47%的家长承认使用体罚；16%的家长用物体殴打孩子

续表

	对体罚的态度		体罚发生率
	接受	不能接受	
斯洛伐克	98.6%的家长同意“不时拍屁股”，75.3%的家长认为应该允许父母“偶尔打耳光”		
西班牙	26%的家长认为需要打孩子才能加强教育；59%的家长表示有时可能需要打孩子		
英国	10%的家长总是可以接受打孩子，40%的家长在某些情况下可以接受	40%的家长在任何情况下都不可接受	58%的家长在过去一年中使用了轻微的体罚（打耳光）
美国	65%的家长赞成打孩子		

注：数据来自OECD数据库（www.oecd.org/els/social/expenditure）。

（四）税收福利制度的中立性

有孩子的夫妻家庭可以从一系列可能的劳动力供应选项中进行选择，以实现理想的可支配家庭收入水平。如果夫妻家庭中成年人有偿工作分配的变化不影响支付给政府的金额和家庭净收入，则税收福利制度在这里被定义为“中性”，从而为双方工作提供平等的激励。通常，男性是夫妻家庭的主要收入来源。税收单位的性质是决定税收/福利制度在多大程度上有利于双职工夫妇或单职工家庭的一个重要因素。在“联合”或“基于家庭”的税收制度下，已婚夫妇在某些情况下将整个家庭的总收入作为一个单位征税。第二收入者，最常见的是女性伴侣的边际税率将与主要收入者的边际税率相同。如果税收制度是累进的，这将高于同一收入水平的单身人士的边际税率，可能会对女性伴侣参与有偿工作产生不利的激励。相比之下，在个人税收制度下，无论婚姻状况或家庭情况如何，个人的收入都要单独征税。即第二收入者的边际税率与第一收入者的收入无关。因此，在累进税制下，以个人为单位征税意味着在收入相等的情况下，第二收入者的税负将低于主要收入者。这意味着夫妻可以通过成为双职工家庭来实现更高水平的可支配收入。因此，具有累进所得税表的个人税收制度鼓励不同家庭成员之间更平等地分享收入以及第二收入者的市场参与。大多数 OECD 国家对配偶和伴侣分别征收所得税。当然税收优惠制度的“中立性”并不仅仅由税收单位决定。事实上，许多“个人”税收制度表现出一些“联合要素”，即可在合作伙伴之间转让的税收减免和免税额，例如在丹麦和荷兰。因此，当一个迄今为止的单薪家庭中没有收入的伴侣开始工作时，他们的收入首先抵消了可转让税收减免和抵免的价值，从而减少了家庭的收入。同样，与家庭收入相关的福利也会影响双方决定谁进入工作岗位或从事更多工作。

对于潜在的第二收入者来说，从事有偿工作的吸引力不仅取决于税收优惠制度内的激励措施，即在家庭中分享有偿工作，还取决于第二收入者可以从工作中获得的绝对经济收益。换句话说，当第二收入者进入有偿工作时，在职收入在多大程度上被有效地征税？在几乎所有 OECD 国家中，不同收入水平的参与税率远低于50%，这意味着工作通常会支付给夫妻家庭中潜在的第二收入者。针对第二收入者参与劳动的经济激励最为强劲的是希腊、韩国、斯洛伐克。在这些国家的低收入第二收入者实际上面临负参与税，部分原因是对那些进入工作岗位的人的短期“特殊援助”福利。相比之下，对第二收入者的经济激励最弱的是冰岛，在冰岛第二收入者父母的平均收入约为其预期总收入的52%；在丹麦，第二收入者平均收入为预期总收入的 57%。在有些国家（特别是丹麦、波兰和英国)，第二收入者的边际税率会随着总收入的增加而减少，至少为第二收入者在就业时选择高薪工作提供了一些激励。然而，在许多其他国家，边际税率至少会随着总收入的增加而略微增加。斯洛文尼亚和斯洛伐克共和国的情况尤其如此，在那里，以平均工资的 100%进入工作的第二收入者父母的边际税率比以平均工资的 50%进入工作的第二收入者父母的边际税率高约 17 个百分点（详见表 5-5)。

表 5-5　部分 OECD 国家不同总收入水平第二收入者的参与税率

国家	平均收入的 50%（%）	平均收入的 67%（%）	平均收入的 100%（%）	国家	平均收入的 50%（%）	平均收入的 67%（%）	平均收入的 100%（%）
冰岛	53. 1	53. 5	51. 7	捷克	34. 5	33. 6	32. 8
比利时	39. 5	46. 7	49. 7	罗马尼亚	26. 9	32. 9	32. 6
斯洛文尼亚	32. 2	46. 3	49. 3	拉脱维亚	32. 6	32. 5	32. 3
丹麦	57. 7	53. 2	49. 1	克罗地亚	34. 3	32. 9	32. 2
澳大利亚	42. 4	47. 7	46. 3	葡萄牙	19. 4	22. 3	31. 8
德国	44. 9	45. 2	46. 1	立陶宛	32. 1	31. 1	30. 0
加拿大	50. 2	45. 2	44. 1	挪威	24. 2	27. 0	29. 8
新西兰	44. 2	43. 2	43. 1	瑞士	27. 4	28. 3	29. 6
爱尔兰	47. 2	46. 0	41. 1	以色列	26. 8	28. 0	29. 5
英国	48. 5	44. 3	40. 3	土耳其	23. 1	25. 6	28. 0
意大利	32. 9	35. 6	40. 0	西班牙	19. 7	24. 2	26. 8
波兰	49. 5	44. 6	39. 9	瑞典	23. 3	24. 6	26. 4
荷兰	31. 5	33. 4	38. 3	日本	24. 3	23. 8	24. 2
芬兰	31. 3	32. 9	36. 7	爱沙尼亚	24. 2	24. 2	24. 2
法国	35. 8	37. 1	36. 6	保加利亚	21. 6	21. 6	21. 6
奥地利	26. 5	31. 0	36. 1	智利	16. 3	19. 0	19. 0

续表

国家	平均收入的 50%（%）	平均收入的 67%（%）	平均收入的 100%（%）	国家	平均收入的 50%（%）	平均收入的 67%（%）	平均收入的 100%（%）
匈牙利	35.8	36.9	36.1	希腊	3.5	8.9	17.3
卢森堡	31.9	32.8	35.5	韩国	9.0	9.9	12.7
美国	40.7	37.8	35.0	斯洛伐克	-4.9	3.9	12.5
OECD	31.7	33.2	34.5				
欧盟	31.0	32.7	34.1				

注：数据来自 OECD 数据库（www.oecd.org/els/social/expenditure）。

二、与儿童相关的假期

与儿童相关的假期是指为支持育儿和生育等工作，由政府通过立法等方式确定的假期，具体包括与育儿有关的和与分娩有关的两类假期。

（一）与育儿有关的假期制度

育儿假制度多种多样，个别制度并不总是完全适合国际比较的分类。但是，可以确定三类育儿假。

1. 产假制度

产假是指就业妇女在分娩（或在某些国家收养）时的受就业保护的休假。国际劳工组织关于产假的公约规定产假时间应至少为 14 周。在大多数国家，受益人可以将产前假和产后假结合起来；在一些国家，产前假和产后假是强制性的。几乎所有 OECD 国家都有与产假相关的公共收入支持付款。在一些国家（如澳大利亚、冰岛、新西兰、挪威和瑞典），对（带薪）产假没有单独的规定，而是将规定纳入育儿假计划。根据国际劳工组织关于产假的公约和当前欧盟关于产假的指令，OECD 国家的母亲在分娩前后有权享受超过 18 周的带薪产假。而美国是例外，它是唯一一个在全国范围内不提供带薪休假法定权利的 OECD 国家。在一些国家，带薪产假的权利延长至 6 个月以上。例如，在英国，母亲最多可以休 9 个月的带薪产假。产假的薪水通常很高。大多数 OECD 国家提供的付款替代了以前收入的 50%以上，有 13 个经合组织国家向母亲提供平均收入的产假全额补偿。爱尔兰和英国的支付率最低，在这些国家，不到三分之一的平均总收入被生育津贴取代。因此，尽管产假权利很长，但这些国家的全薪等值带薪产假分别只持续 7 周和 12 周。

2. 陪产假制度

陪产假制度是指为在职父亲在母亲分娩时或产后前几个月提供的受就业保护的休假。国际公约没有规定陪产假。一般来说，陪产假的时间要比产假的时间短得多。由于产假时间短，休陪产假的工人通常会继续获得全额工资。在一些国家（如冰岛），父亲特定的休假权利是育儿假计划的一部分，而不是一项单独的权利。父亲专用或保留给父亲的带薪假期往往比母亲可享受的带薪假期短得多。平均而言，OECD 国家通过带薪陪产假，或带薪父亲特定育儿假，或家庭护理假，提供不到 9 周的带薪父亲假。有 6 个 OECD 国家根本不提供带薪父亲假期，17 个国家提供两周或更短的假期。有 10 个 OECD 国家为父亲预留了 3 个月（13 周）或更长时间的带薪假期，两个东亚 OECD 国家，日本和韩国，提供了 OECD 国家中最长的带薪父亲假，大约 12 个月（52 周）。

3. 育儿假（或家庭护理假）制度

受雇父母的就业育儿假，通常是对特定产假和陪产假的补充，而且经常都在产假之后，但并非在所有国家都是这种情况。育儿假本身的权利通常是个人的（即每个父母都有自己的权利），但在育儿假期间获得公共收入支持的权利通常是基于家庭的，这意味着在任何时候只有一位父母可以要求收入支持（除了分娩后的短时间内）。在一些国家，某些育儿假仅供母亲或父亲使用，不能转让；在其他国家（如奥地利和德国），如果父母双方都使用了一定部分的家庭权利，则提供“奖金”带薪周。受就业保护的休假，有时会在育儿假之后，通常允许至少一名家长留在家中提供照顾，直到孩子 2 岁或 3 岁。家庭护理假不如其他三种假期常见，仅在少数 OECD 国家提供，家长也经常没有报酬。即使在有福利的情况下，家庭护理假往往也仅以较低的固定费率支付。

带薪育儿假和家庭护理假的可用性和慷慨程度因国家而异。OECD 国家向母亲提供的平均家庭护理假的时长不到 32 周，大多数提供至少 1 周，有的国家提供 26 周至 52 周。然而，有 15 个 OECD 国家根本不提供带薪育儿假或家庭护理假，而其他三个极端的 OECD 国家（芬兰、匈牙利和斯洛伐克共和国）则提供了两年半的法定权利，带薪休假时长或许更多。据统计，很多 OECD 国家育儿假和家庭护理假的支付率往往低于产假。大多数国家提供的福利可以取代以前收入的三分之一到三分之二，但各国之间的差异很大。最低支付率通常出现在享有最长权利的国家，例如，在芬兰，143.5 周的带薪育儿假和家庭护理假权利的支付仅占平均总收入的 18.9%。在这种特定情况下，总休假权利的很大一部分采取延长“家庭护理”假的形式。带薪家庭护理假背后的目标往往与带薪育儿假背后的目标略有不同，该项措施不是为父母提供因暂停就业而失去的收入的短期补偿，而是旨在为希望留在家中照顾幼儿的父母提供中期经济支持。因此，这些较长的假期通常只能通过低固定费率福利支付，并且通常只替代普通收入者以前收入的一小部分。

（二）与分娩有关的休假福利的使用

部分 OECD 国家通常采用三个指标衡量有关父母使用与分娩有关的假期的信息：一是每 100 名活产儿家长中获得公共管理的陪产假福利或公共管理的带薪陪产假的接受者/使用者，即父亲或其他合作伙伴的数量在同一年每 100 名活产儿在某一年给予的陪产假或申请公共管理的陪产假福利人群的占比。二是每 100 名活产儿公共管理的育儿假福利或带薪育儿假的接受者/使用者，按性别分，即在同一年每 100 名活产儿家长中，使用公共育儿假或申请公共育儿假福利的男性和女性人数。三是公共管理育儿假福利或公共管理带薪育儿假的接受者/使用者的性别分布，即在给定年份使用公共管理育儿假或要求公共管理育儿假福利的男性和女性比例。这三项措施均以行政数据为基础，即国家行政记录中关于使用带薪休假或申请带薪休假福利的个人数量。这些记录通常仅在有一些公共管理的带薪休假计划的情况下可用，因此对于没有法定带薪休假的国家或具有由雇主直接处理的法定计划的国家（如韩国和英国的陪产假）不在本书讨论范围。此外，这些数据通常不包括使用雇主提供休假福利计划的个人，因此即使在有法定计划的国家，也可能会低估使用率。尽管如此，只要有这些记录，就可以深入了解有多少男性和女性正在使用法定休假。

在有可用数据的 11 个 OECD 国家中，平均每 100 名活产儿家长中就有 55 名带薪陪产假使用者——换句话说，每出生两个孩子就有大约 1 人申请公共管理的陪产假或使用公共管理的陪产假。在芬兰和瑞典，这一数据上升到每 100 名活产儿家长中有 75 名带薪陪产假使用者，而在斯洛文尼亚，这一数据为每 100 名活产儿家长中有 92 名带薪陪产假使用者。同时也要考虑到一些新生儿父亲没有资格享受法定带薪陪产假，具体数据详见图 5-1。

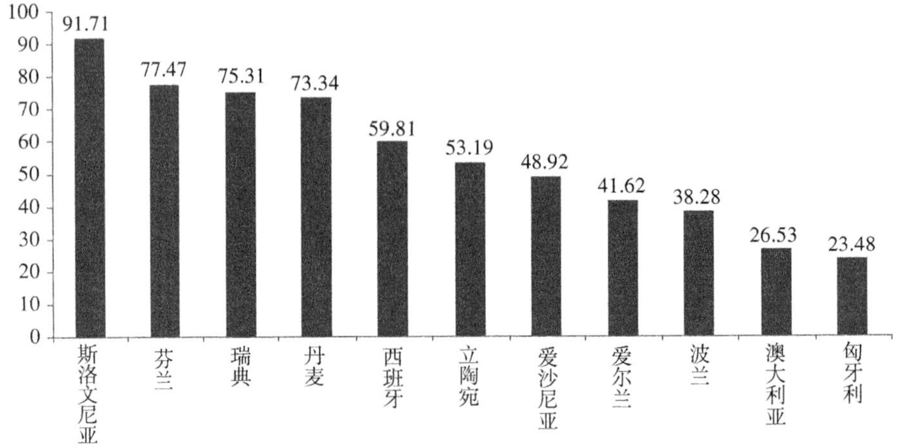

图 5-1　部分 OECD 国家每 100 名活产儿的陪产假的使用率（%）

带薪育儿假领取者男女之间差异很大，女性休育儿假的比例通常相对高一些。在所有有可用数据的国家中，只有一半以上的国家其女性休育儿假数量约为每 100 名活产儿家长中有 100 人或以上，也就是说，每个出生的孩子至少有一个女性休育儿假；只有两个国家（智利和韩国）女性休产假的人数在 100 名活产儿家长中低于 50 人。在一些国家，每 100 名活产儿家长中的女性休产假的人数远远超过 100 人。例如，在爱沙尼亚和捷克共和国，每 100 名活产儿家长中就有 200 多名申请公共管理的育儿福利或使用公共管理的育儿假。在瑞典，这一数据高达每 100 名活产儿家长中有 380 人申请或使用育儿假。与女性相比，男性的带薪育儿假领取率通常要低得多。但是在一些北欧国家，男性休产假的人数数量惊人。例如，在瑞典，每出生 100 名新生儿，就有 300 多名男性申请或领取公共育儿假福利。但在大多数 OECD 国家，每 100 名活产儿家长中不到 50 名男性享有公共管理的育儿假福利或使用公共管理的育儿假。有 9 个 OECD 国家（包括澳大利亚、奥地利、加拿大、智利、捷克共和国、法国、韩国、新西兰和波兰），每 100 名活产儿家长中享有育儿假的男性少于 10 人。在一些国家，男性休带薪育儿假的人数与女性相比差异不大。在冰岛、葡萄牙和瑞典，大约 45%的公共育儿假福利使用者是男性。然而，在其他一些有可用数据的国家中，男性休带薪育儿假的比例只占总人数的五分之一，还有几个国家这一比例低于十分之一。在澳大利亚、智利和新西兰，每 100 名带薪育儿假的使用者中，男性人数不到 1 人。

表 5-6　部分 OECD 国家每 100 名活产儿中家长育儿假的申请与使用率

国家	男性占比（%）	女性人数（人）	男性人数（人）
瑞典	45. 3	380. 0	314. 1
冰岛	45. 2	158. 9	131. 0
葡萄牙	44. 8	107. 8	87. 4
挪威	39. 2	149. 1	96. 1
德国	27. 2	93. 7	35. 0
丹麦	26. 8	134. 4	49. 3
芬兰	25. 9	145. 8	50. 9
卢森堡	24. 6	58. 3	19. 1
立陶宛	21. 6	106. 2	29. 3
意大利	17. 0	54. 1	11. 1
加拿大	13. 6	57. 3	9. 0
韩国	8. 5	20. 2	1. 9
爱沙尼亚	8. 4	204. 3	18. 6
法国	4. 4	53. 3	2. 4
奥地利	4. 2	140. 6	6. 1
捷克	1. 9	238. 8	4. 6

续表

国家	男性占比（%）	女性人数（%）	男性人数（%）
波兰	1. 1	102. 4	1. 1
新西兰	0. 9	59. 6	0. 5
澳大利亚	0. 4	55. 1	0. 2
智利	0. 2	43. 5	0. 1

此外，即使休假的发生率在女性和男性之间相对平均，但女性的使用率相对高得多。只有少数 OECD 国家提供了有关男性和女性带薪育儿假持续时间的可比信息，数据表明男性休假天数占男女总休假天数的比例不到三分之一。在可获得数据的国家中，男性休假天数最多的国家是冰岛，男性休假天数占产假、陪产假和育儿福利假总天数的 29%，在瑞典这一指标男性占比为 28%。在丹麦和芬兰，男性仅获得约 10% 的产假、陪产假和育儿假福利天数（详见表 5-7）。

表 5-7　部分 OECD 国家男女带薪休假天数

国家	男性休假天数占比（%）	每个出生的孩子使用的假期天数（天）	
		男性	女性
冰岛	28. 8	70. 0	173. 0
瑞典	28. 2	131. 1	333. 9
挪威	18. 8	40. 2	173. 8
丹麦	10. 7	29. 5	246. 5
芬兰	10. 5	30. 6	260. 4

（三）带薪假期的长度和可用性显著增加

近几十年来，OECD 国家的带薪假期的长度和可用性显著增加。在几乎所有 OECD 国家中，目前可供母亲使用的带薪假期时长都比 1970 年更长。1970 年，OECD 国家的母亲平均可以获得 16 周的带薪休假。

到 1995 年，这一数字增加到大约 43 周，到 2020 年增加到 50 周。带薪休假增幅最大的是芬兰和斯洛伐克共和国，这两个国家的母亲现在都可以获得超过 3 年的带薪休假，而在 1970 年这两个国家的母亲带薪休假时长分别为 9 周和 26 周。带薪休假的减少是罕见的，目前只有 6 个 OECD 国家（奥地利、捷克共和国、丹麦、德国、匈牙利和瑞典）为母亲提供比 1970 年或 1995 年更短的总带薪假期时长。针对这一数据的变化，在瑞典，原因可以解释为 1995 年引入了“父亲配额”。在捷克共和国和德国，这是由于引入了支付计划选项，如果父母选择较短的假期，他们可以获得更高的支付率的时间。纵观 OECD 国家，那些为母亲提供最长假期的国家往往也是那些较早引入假期的国家，详见表 5-8。除意大利外，所有在 1980 年前引入育儿假的 OECD 国家均为母亲提供了至少一年的就业保护假。事实上，这些“先行者”中有 8 个国家（包括奥地利、捷克共和国、芬兰、法国、匈牙利、波兰、斯洛伐克共和国和西班牙）为母亲提供了大约两年或更长时间育儿和家庭护理的选择。那些在 1980 年后特别是 1990 年后首次引入育儿假的 OECD 国家往往会提供较短的假期。例外的是德国和葡萄牙，这两个国家在 20 世纪 80 年代中期首次提供受就业保护的育儿假，目前这两个国家都为母亲提供约两年半或以上的受就业保护假期。

表 5-8　部分 OECD 国家母亲可享受的假期长度（周）

国家	1970 年（周）	1995 年（周）	2020 年（周）	国家	1970 年（周）	1995 年（周）	2020 年（周）
斯洛伐克	26.0	164.0	164.0	卢森堡	12.0	16.0	46.0
芬兰	9.0	161.0	161.0	希腊	12.0	16.0	43.0
匈牙利	162.0	160.0	160.0	法国	14.0	16.0	42.0
拉脱维亚	/	/	94.0	英国	18.0	18.0	39.0

续表

国家	1970 年（周）	1995 年（周）	2020 年（周）	国家	1970 年（周）	1995 年（周）	2020 年（周）
挪威	12.0	38.0	86.0	比利时	14.0	15.0	32.3
爱沙尼亚	/	/	82.0	葡萄牙	9.0	14.0	30.1
捷克	26.0	162.0	75.1	智利	12.0	18.0	30.0
韩国	0.0	8.5	64.9	爱尔兰	12.0	14.0	28.0
立陶宛	/	/	62.0	冰岛	0.0	26.0	26.0
奥地利	58.0	112.0	60.0	新西兰	0.0	0.0	22.0
德国	14.0	109.3	58.0	澳大利亚	0.0	0.0	18.0
日本	12.0	58.0	58.0	哥伦比亚	/	/	17.0
瑞典	26.0	60.0	55.7	荷兰	12.0	16.0	16.0
斯洛文尼亚	/	/	52.1	西班牙	12.0	16.0	16.0
波兰	12.0	16.0	52.0	土耳其	12.0	12.0	16.0
加拿大	0.0	27.0	51.0	以色列	12.0	12.0	15.0
丹麦	14.0	54.0	50.0	瑞士	0.0	0.0	14.0
意大利	14.0	47.7	47.7	墨西哥	4.3	12.0	12.0
OECD	16.4	42.9	50.4	美国	0.0	0.0	0.0

在 OECD 国家中，父亲特定的带薪休假制度的推出比母亲带薪休假制度的推出要晚一些。1970 年，OECD 国家几乎不存在带薪父亲假，只有 3 个国家（西班牙、卢森堡和比利时）为父亲保留 3 种形式的带薪休假（分别为 1 天、2 天和 3 天）。到 1995 年，这一规定几乎没有什么变化，当时 OECD 国家的父亲带薪休假平均时长不到 1 周；在此期间，只有 4 个国家（丹麦、芬兰、挪威和瑞典）引入了父亲带薪特定假期。然而，1995 年以来，大多数 OECD 国家开始逐步引入父亲带薪休假的制度。到 2020 年，OECD 38 个国家中有 33 个提供父亲带薪特定假期，带薪休假平均时长为 9 周。最引人注目的改革发生在韩国和日本，这两

个国家分别自2008年和2010年以来，父亲们都享有1年带薪育儿假的个人权利。其他值得注意的发展包括：2009年葡萄牙育儿假制度的改革，即为父亲保留或有效保留超过20周的带薪休假，保留期限为6个月；2014年法国推出了父亲带薪育儿假；2002年丹麦取消了“父亲配额”，它是唯一1个自1995年以来减少或（有效减少）为父亲保留带薪育儿假假期的国家。

三、儿童照顾政策安排

儿童照顾政策，是指政府和社会在儿童的照顾和教育方面的举措。即政府和社会在满足儿童照顾活动中的时间、服务和资金支持需求时所采取的一系列举措。

（一）儿童保育和早期教育方面的公共支出

幼儿教育和保育方面的公共支出包括用于正规日托服务（包括托儿所、日托中心和家庭日托，通常针对0~2岁儿童）和学前教育服务（包括幼儿园和日托中心，通常为3~5岁儿童提供教育内容和传统照料）的所有现金和实物。幼儿教育和保育方面的公共支出一般通过两个标准衡量：(1) 幼儿教育和保育公共支出占GDP的百分比，包括儿童保育和正规日托服务支出占GDP的百分比，以及学前教育服务支出占GDP的百分比。(2) 每个儿童的幼儿教育和保育公共支出。

由于教育系统结构的跨国差异，特别是小学入学年龄的差异，对幼儿教育和保育支出的跨国比较变得复杂。为了更好地比较 OECD 国家幼儿教育和看护支持，本书对数据进行了针对小学义务教育入学年龄的跨国差异的调整。例如，在一些（北欧）国家，儿童在 7 岁时进入小学，几乎所有人都在入学前一年接受了学前教育。为了改进比较，该国 6 岁儿童的支出被排除在外（基于使用学前服务的 6 岁儿童人数的估计）。同样，对于儿童 5 岁入学的国家（如澳大利亚、新西兰和英国），学前教育支出数据是通过增加与小学入学的 5 岁儿童相对应的支出来调整的。此外，需要注意的是，不同类型的幼儿教育和保育支出的比较（即儿童保育和正规日托服务以及学前教育服务支出的比较）对分类和分配也很敏感。OECD 国家在幼儿教育和保育上的平均支出为 GDP 的 0.7%，各国差异很大。法国和北欧国家在幼儿教育和保育方面的公共支出高于 GDP 的 1.0%，其中瑞典的总支出占 GDP 的 1.6%，冰岛的总支出占 GDP 的 1.8%。捷克共和国、哥伦比亚、爱尔兰、葡萄牙、土耳其和美国等国家在学前教育上的花费多于儿童保育支出，这在一定程度上可能反映了该国更高的入学率。冰岛和新西兰的学前教育支出相对较高，占 GDP 的 1.0%左右，而法国、芬兰、冰岛、韩国、挪威和瑞典的儿童保育支出约占 GDP 的 0.5%左右（详见表 5-9）。

按每名儿童计算，OECD 国家针对 0~5 岁儿童提供的幼儿教育和保育公共总支出平均每人 5200 美元，但各国之间的差异也很大。一些国家（包括丹麦、冰岛、卢森堡、挪威和瑞典）针对 0~5 岁儿童的人均幼儿教育和保育总支出超过 11000 美元，其中卢森堡和挪威的支出最高，约为 13000~14000 美元。其他一些国家（包括智利、哥伦比亚、墨西哥和土耳其）0~5 岁儿童人均幼儿教育和保育总支出低于 2000 美元。

表 5-9 部分 OECD 国家儿童保育与早期教育支出占 GDP 比重（%）

国家	总占比	儿童保育占比	幼儿教育占比	国家	总占比	儿童保育占比	幼儿教育占比
冰岛	1.8	0.9	0.9	新西兰	0.6	0.3	0.3
瑞典	1.6	1.1	0.5	斯洛文尼亚	0.6	/	/
挪威	1.4	0.6	0.7	智利	0.6	0.3	0.3
法国	1.3	0.6	0.7	斯洛伐克	0.6	0.1	0.4
丹麦	1.3	/	/	英国	0.6	0.1	0.5
芬兰	1.1	0.6	0.5	意大利	0.5	0.1	0.5
新西兰	1.0	0.1	0.9	奥地利	0.5	/	/
韩国	0.9	0.5	0.4	墨西哥	0.5	0.0	0.5
卢森堡	0.8	/	/	波兰	0.5	/	/
以色列	0.8	0.0	0.8	西班牙	0.5	0.0	0.4
比利时	0.8	0.1	0.7	捷克	0.4	/	/
拉脱维亚	0.8	/	/	哥伦比亚	0.4	/	/
葡萄牙	0.4	/	/	爱尔兰	0.3	/	/
爱沙尼亚	0.8	/	/	罗马尼亚	0.3	0.0	0.3
立陶宛	0.8	/	/	美国	0.3	0.0	0.3
日本	0.7	/	/	塞浦路斯	0.3	0.0	0.3
匈牙利	0.7	0.1	0.6	土耳其	0.2	/	/
德国	0.7	0.2	0.4				
澳大利亚	0.6	0.4	0.2				
OECD	0.7						

（二）托儿和早期教育服务的类型与质量

针对未达到学龄儿童的儿童保育和早期教育服务可分为三大类。

（1）以中心为基础的日托：包括有营业执照的中心提供的所有家

庭以外的托儿服务，其提供的服务可以是全职或兼职，通常被称为托儿所、日托中心、幼儿园和家长团体。一般来说，这些服务是为 4 岁以下儿童在开始学前教育时提供的。托儿服务的类型参差不齐，具体内容取决于所在国家和地区。在许多欧洲国家，除政府拨款外其他主要由父母费用来补充，这些费用被税收减免、儿童津贴等所抵销（请参阅儿童保育成本指标）。负责为幼儿（大约 2 岁）提供正规托儿和早期教育服务的部门通常是教育部（包括澳大利亚、墨西哥、荷兰、新西兰、葡萄牙和瑞典），或教育部社会事务部门（包括丹麦、芬兰、法国和日本）。在澳大利亚、加拿大、爱尔兰、新西兰、荷兰、瑞士、英国和美国等一些国家，私人提供的早期托儿服务占较大比重。在以中心为基础的服务类别中，一小部分是集体家庭托儿所、小型托儿所和父母经营的托儿中心。这些是由父母团体（有时是非正式组织）开发的，但已经转向获得国家的认证和补贴。

（2）家庭日托（Family Day Care，FDC）传统上是在家庭环境中提供的。可以在保姆自己的家中，或有资格或注册的保姆在孩子自己家中照顾孩子。通过这种方式照顾的幼儿最大数量通常是 3~4 人。这种类型的照顾最常见于学龄前儿童，尤其是 3 岁以下的幼儿，对于那些因托儿所名额限制而不能入园的或更喜欢家庭环境的家长，这种照顾方式更有吸引力。

（3）学前早期教育计划。这一类别包括以中心为基础（或通常以学校为基础）的计划，旨在满足准备进入小学（义务）教育的儿童的需求。在大多数国家，这些计划至少包含 50%的教育内容，并由合格的员工监督。在某些国家和地区，这些计划是全日制的，并在同一场所提供课外时间服务。目前，一些国家传统上提供非全日制幼儿园课程，现在正在寻求改革这些课程。其他国家通过将一到两年的学前教育引入小学，有效地扩展了小学课程，例如澳大利亚昆士兰的“预科”年，爱尔兰的“婴儿班”，西班牙的幼儿教育和英国的预备班。

OECD 国家的学前教育服务中儿童与教职工的比例差异很大。2018年，OECD 国家的儿童与教师比例平均为 14.3，这意味着学前教育中每位教师大约需要带 14 个孩子。而在智利、哥伦比亚、丹麦、芬兰、德国、冰岛、拉脱维亚、新西兰和斯洛文尼亚、以色列、法国和墨西哥等国，平均每位教师带的孩子不到 10 个。然而，一些 OECD 国家确实在学前阶段广泛使用教师助理，但在师生比上差异较大，在智利，儿童与教职工的比例小于 1，在丹麦、冰岛和新西兰，儿童与教职工比例为 3.4，在匈牙利，该比例为 13.9。然而，在一些国家，儿童与教职工的比例远高于儿童与教职助手的比例，这表明教师助手的广泛使用。例如，在墨西哥，如果考虑到教师助理，儿童与教职工的比例下降了一半以上。

在大多数 OECD 国家，希望成为幼儿教育培训（Early Childhood Education and Care，ECEC）教师的工作人员必须持有国际教育分类（International Standard Classification of Education，ISCED2011）6 级资格，即必须具有学士或同等学力。然而，也有例外，在奥地利、以色列、日本和韩国，ECEC 教师需要 ISCED2011 5 级资格，即短期高等教育水平资格。在斯洛伐克共和国，希望成为 ECEC 教师的员工需要具备 ISCED2011 3 级资格（高中学历）。相比之下，在法国、波兰和葡萄牙，希望进入 ECEC 专业的教师需要获得 ISCED 2011 7 级资格（硕士学位）。对教师助理（或类似人员）的初始教育要求通常较低。在大多数有可用数据的 OECD 国家中，希望以教师助理身份参加 ECEC 的员工需要ISCED2011 3级资格（高中学历）。在智利、法国、德国和斯洛文尼亚等一些国家，需要达到ISCED2011 3级资格水平。在墨西哥，希望以教师助理身份参加ECEC的员工需要具备ISCED2011 2级资格（初中学历），同时还需要接受额外的培训。

生育率走低是一个全球性现象，在过去几十年里，几乎所有国家和地区都经历了明显的生育率下降。1965年后，全球整体的生育水平明显下降。最早出现生育率下降的是欧洲和北美洲，1960年后，欧洲和北美洲生育率均明显下降，在1970—1975年开始低于更替水平，并且至今仍处于2.1的低生育率水平，是全球生育率水平最低的两个大洲。北美洲的生育率在1990年后有明显回升，欧洲的生育率在2000年后有轻微上升。总和生育率低于更替水平的国家和地区主要位于欧洲、北美洲、东亚地区、拉美地区和加勒比地区。其中处于极低生育水平（低于1.3）的国家和地区主要位于东亚。随着低生育率水平在世界范围内的扩散，出台鼓励生育政策的国家和地区也在增多。1976年，仅有8.7%的国家和地区出台了提高生育率的政策；2007年后，超过20%的国家和地区实行提高生育率的政策；2015年，通过政策鼓励生育的国家和地区增加到了27.9%。

欧美发达国家，包括德国、法国、瑞典、丹麦等，是最早出现人口“低出生、低死亡、低自然增长”趋势的国家，也是最早实施激励生育政策的国家。20世纪80年代后，一些欧美国家相继进入人口总和生育率不足1.3的行列。为规避“低生育率陷阱”，不少国家开始采取鼓励生育政策。基于自己的国情和文化理念，欧美国家大都实行间接性干预的激励生育政策，其中法国自1918年就开始实施鼓励性生育政策。到20世纪60年代，鼓励生育政策在欧美国家成为主流。基于经济社会和文化均非常发达，欧美国家的生育激励政策以间接性的一系列现金补贴、税收减免、延长产假等政策为主导来促进人口生育。到20世纪90年代，大多数欧美国家已经形成了一个比较完善的、旨在鼓励生育的家庭福利政策体系，主要包括三大类：以育儿补贴为核心的现金补贴与税收减免政策；以延长母亲产假为内核的育儿休假制度；以幼儿照料为主的社会公共服务体系。从实践来看，欧美国家的激励生育政策效果是明显的。2016年，法国的生育率为1.92，是当年全欧范围内生育率最高的国家，瑞典生育率为1.85，丹麦生育率为1.75，德国生育率也从1992年开始持续走高，到2016年上升至1.59。

以新加坡、日本、韩国为代表的亚洲发达国家在20世纪60年代都曾实施过限制性的生育干预政策，以降低总和生育率，因此，这些国家出现低生育危机比欧美国家要晚。直到20世纪80年代初，新加坡的总和生育率降至1.6，日本的总和生育率降至1.57时，政府才开始实施鼓励生育政策。韩国在总和生育率跌破1.6时仍实施中立性生育干预政策，直至2005年总和生育率跌至1.12时，韩国政府才开始重视低生育率问题，出台《应对低生育综合对策》，向少子化、老龄化宣战。亚洲发达国家激励生育的政策较为全面，具有明显的直接干预和间接干预融合的特点，在实施初期多借鉴欧洲发达国家的生育津贴、儿童津贴、减免税收等经济性间接干预经验。除经济激励外，亚洲发达国家在生育保障和社会公共服务上也作了相应的政策制度安排，如日本政府高度重视幼托服务，逐步完善育婴室、婴幼儿生活支持设施、保育所、儿童课后服务和短期照料支持服务和支持设施；新加坡政府成立社会和家庭发展部幼儿培育署，统筹监管儿童幼托服务工作。同时，新加坡也制定了一些直接干预的政策。比如，围绕预期的生育率目标，通过直接干预的手段保护女性权益，进而提升妇女生活保障水平，这也是大多数国家普遍实施的鼓励生育政策之一。如韩国政府出台《职业中断女性再就业促进法》，为因生育而“职业中断女性”的职业培训和再就业提供了强有力的保障。总体来看，亚洲发达国家在应对低生育率导致的少子化问题时，大多存在应对政策相对滞后和缓慢的问题，且鼓励生育政策中生育津贴、育儿津贴等经济补偿缺乏激励性，幼托保障、产假制度以及女性权益的保障体系仍旧不够完善，结果是政府难以在短时间内消除曾经实施的限制性生育政策的惯性，未能如期实现人口生育率达到更替水平的目标。

第六章

我国幼儿人口的增长速度与发展质量耦合分析

大国竞争本质上是人口、资源与制度的竞争，其中，人口战略与人才战略对国家经济、科技和军事的发展具有重大影响。党的十九大以来，我国儿童事业发展被提升到了新的高度。党的十九大报告明确指出"幼有所育"。党的十九届五中全会提出了"降低生育、养育和教育成本"重要部署。在实施《中华人民共和国国民经济和社会发展第十四个五年规划和二〇三五年远景目标纲要》，开启全面建设社会主义现代化国家新征程的第一年，又颁布实施新修订的《中华人民共和国未成年人保护法》、发布《"十四五"积极应对人口老龄化工程和托育建设实施方案》、放开"三孩"生育等，从党和政府采取的一系列举措可知，儿童事业已经成为国家发展战略的重要组成部分，幼儿发展是当前儿童事业的关键部分，幼儿人口增长要走数量质量兼顾之路。学术界对于幼儿人口增长的研究主要基于两种视角：一是关于幼儿人口增长数量的研究；二是幼儿人口发展质量的耦合分析。

一、良性耦合是高协调度与高发展度的统一

耦合的概念来源于物理学领域。耦合是指两个或两个以上系统通过

相互作用而彼此影响，包括相互促进与破坏两个方面①。通过耦合度能够对两个及两个以上社会经济系统的相互作用和影响进行评价②。幼儿人口增长速度与发展质量作为幼儿人口发展的两个范畴，存在相互作用的机制。

（一）基于幼儿人口增长速度与发展质量的有机结合

幼儿人口增长速度可以为幼儿人口发展质量的提升提供人口基础，而幼儿人口发展质量可以提升幼儿人口增长速度的效能。幼儿人口发展质量若长期处于低水平，将降低幼儿人口增长速度的未来有效劳动人口的产出，容易陷入“马尔萨斯陷阱”。若幼儿人口增长速度长期处于低水平，则无法为政府提高人口质量提供必要的人口基础，社会发展将陷入“老龄化”危机。只有将幼儿人口增长速度与发展质量有机结合起来，才能保障未来人口持续稳定均衡发展。因此，本章将引入耦合概念分析我国幼儿人口发展质量与增长速度趋势及其相互作用。

幼儿人口发展度（T）。本书假设幼儿人口发展度函数具有严格拟凹性，且规模报酬不变。

发展函数采用道格拉斯生产函数形式：

$$T=\gamma g(x)^{\partial}f(y)^{1-\partial} \tag{1}$$

公式（1）中，$g(x)$表示幼儿人口增长速度指数，$f(y)$表示幼儿人口发展质量指数，γ为外生因素，∂（$0\leqslant\theta\leqslant1$）、$1-\partial$分别表示幼儿人口增长速度系数和发展质量系数的发展弹性，反映两者在人口发展度中

① 程承坪，陈志．经济增长数量与质量的耦合分析：基于湖北省2003—2013年统计数据的实证研究［J］．宏观质量研究，2016，4（2）：51-60.

② 丛晓男．耦合度模型的形式、性质及在地理学中的若干误用［J］．经济地理，2019，39（4）：18-25.

的重要性。假设人口增长速度与发展质量同等重要，令 $\partial=0.5$，$\gamma=1$。以幼儿人口增长速度指数为横轴，幼儿人口发展质量指数为纵轴，绘制曲线（见图6-1）。曲线 T_1、T_2、T_3 分别表示不同的幼儿人口发展水平，距离原点越远的曲线，幼儿人口发展水平越高。

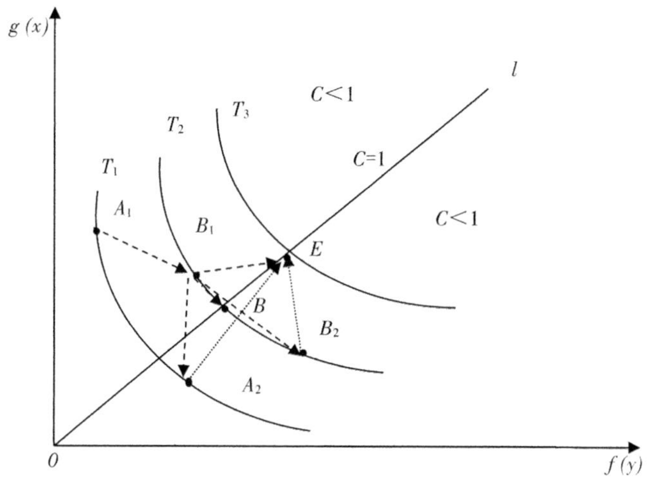

图6-1 幼儿人口增长速度与发展质量耦合路径示意

幼儿人口增长与发展的协调度（C）。幼儿人口增长协调度是衡量幼儿人口增长速度与发展质量的协调程度指标。协调度的计算方法参照从晓南的计算方法，具体的公式为：

$$C=\left(\frac{4g(x)*f(y)}{[g(x)+f(y)]^2}\right)^{\frac{k}{2}} \tag{2}$$

公式（2）中，$g(x)$ 和 $f(y)$ 经过归一化处理，数值大于0或小于等于1，因此 k 为偏度系数，当幼儿人口增长速度指数与质量指数不一致时，括号内多项式值就会小于1。k 值越大，C 值越小。参考现有文献常用的取值方法，本研究令 $k=5$。C 值越小，表明幼儿人口增长系统协调度越低，C 等于1表示幼儿人口增长速度与发展质量高度协调。

幼儿人口增长与发展的耦合度（D）。协调状态并不能完全决定耦合状态。良性耦合需要满足高协调度与高发展度。幼儿人口增长与发展的耦合度是指幼儿人口的增长速度与发展质量两个子系统的发展度和协调度的综合趋势，具体计算公式为：

$$D=\sqrt{C*T} \tag{3}$$

C 值与 T 值介于 0~1，D 值介于 0~1。D 值越大，表明耦合效果越好。图 6-1，曲线 T_2 上的 B 点表示人口增长速度与发展质量优质协调。B_1 表示幼儿人口增长速度较高，幼儿人口发展质量中等，速度对质量进行替代，总体处于耦合不良状态；B_2 表示人口增长速度较低，但人口增长质量高，质量对速度进行替代，总体处于耦合不良状态。曲线 T_1 上的 A_1 表示幼儿人口增长速度较高，但发展质量低的耦合不良状态。A_2 表示人口增长速度低，发展质量一般的耦合不良状态。E 表示人口增长速度与发展质量耦合良好的发展高水平状态。我国人口发展状态经历的发展阶段为：实行计划生育之前人口自然控制机制较弱，我国幼儿人口增长迅速，但是发展质量较低，基本上处于 A_1 状态；实行计划生育政策之后，在强有力的行政控制措施以及国家在幼儿教育与健康上不断加大投入，我国幼儿人口发展水平总体上提升，增长速度得到有效控制，发展质量得到显著提升，从 A_1 状态向 B_1 发展。但随着生育、养育和教育成本的迅速提升，人口自然控制机制明显加强，人口生育率迅速下降。全国各地幼儿人口增长速度与发展质量差异比较大。目前，我国幼儿人口发展呈现五种情况：第一种是人口生育率较高，但发展质量一般，基本位于图 6-1 上的 B_1 点附近；第二种是人口生育率迅速下降，幼儿发展质量提升有限的地区，基本位于图 6-1 上的 A_2 点附近；第三种是人口生育率迅速下降，幼儿发展质量迅速提升的地区，基本处于图 6-1 上的 B_2 点附近；第四种是人口生育率下降幅度较小，幼儿发展质量适当提升的地区，基本处于图 6-1 上的 B 点附近；第五种是基本维持原状不变的，处于 A_1 状态。A_1、B_1、A_2、B_2 都是处于幼儿人口发展不均衡地区，偏离人口发展均衡路径。因此，通过对各地区的幼儿人口增长速度与发展质量的耦合研究，有利于各地有针对性地出台相应政策，推动我国幼儿人口向高水平的 E 点发展。

（二）选择体现幼儿增长数量与发展质量的核心指标

现有文献确定人口增长速度主要采用人口出生率或总和生育率两个指标。两个指标皆为流量指标，出生率与总人口增长速度有关，而生育率与育龄妇女增长速度有关。本研究侧重分析地区人口增长速度，因此采用人口出生率作为衡量地区幼儿人口增长的指标。在幼儿人口发展质量的指标选择方面，通过整理现有文献，将儿童早期人力资本作为衡量幼儿人口发展质量的核心指标。人力资本包括健康与教育两个方面，健康方面选择围产儿死亡率与 5 岁以下儿童发育不良率两个指标；教育方面选择学前教育的师生比和学前教育教师中学历为本科及以上的人员的比重两个指标。具体指标见表 6-1。

表 6-1　幼儿人口增长速度与发展质量指标选择与处理

一级指标	二级指标	三级指标	计量单位	正指标	逆指标
幼儿人口增长速度		人口出生率	‰	√	
幼儿人口发展质量	健康方面	围产儿死亡率	‰		
		5 岁以下儿童中重度营养不良比重	%		√
	教育方面	学前教育的师生比	—		√
		学前教育教师中学历为本科及以上的人员的比重	%	√	√

本部分旨在分析我国幼儿人口增长速度与发展质量的耦合关系。在保证数据完整性的前提下，选择了2013—2019年的31个省（自治区、直辖市，不包括我国台湾、香港、澳门）的截面数据。学前教育的师生比与学前教育教师中学历为本科及以上的人员的比重指标根据《中国教育统计年鉴（2014—2020年）》数据计算而得。学前教育师生比等于各地区学前教育在校教师除以在园人数，学前教育教师中学历为本科及以上的人员的比重等于各地区学前教育在园学历为本科及以上教师人数除以教师总人数。人口出生率指标数据来自《中国统计年鉴（2014—2020年）》内容。围产儿死亡率和5岁以下儿童中重度营养不良比重指标的数据来自《中国卫生健康统计年鉴（2014—2020年）》内容。

为了避免数据口径不一致对研究可能造成的影响，本研究对所选的指标进行标准化处理。设i年t地区j项指标值，表示某年各地区中j项指标的最小值，表示某年各地区中j项指标的最大值。针对正指标与逆指标，采用公式（4）进行标准化处理。经过标准化后，保证各项指标具有相同的量纲。速度指数为人口出生率的标准化数据。质量指数为经过标准化的四个指标的加权加总，权重采用主成分分析得出。

$$x_{itj}=\begin{cases}\dfrac{X_{itj}-X_j^{\text{Min}}}{X_j^{\text{Max}}-X_j^{\text{Min}}}\text{，若}j\text{项指标为正指标}\\[2ex]\dfrac{X_j^{\text{Max}}-X_{ij}}{X_j^{\text{Max}}-X_j^{\text{Min}}}\text{，若}j\text{项指标为逆指标}\end{cases}\qquad(4)$$

二、我国幼儿人口增长速度与发展质量耦合呈现区域差异

幼儿人口增长速度指数由人口出生率标准化测算而来，而发展质量指数要求需确定各个指标的权重。

（一）幼儿人口增长速度与发展质量耦合水平分为五类

运用 SPSS 软件对标准化后的围产儿死亡率、5 岁以下儿童中重度营养不良比重、学前教育的师生比与学前教育教师中学历为本科及以上的人员的比重四个指标权重进行分析。分析结果显示：KMO（Kaiser-Meyer-Olkin）值为 0.651，Bartlett 球形度检验通过 0.001%显著性检验，表明四个变量高度相关，适合提取公因子。公因子的贡献率为 54.255%，基本达到了对总指标的解释水平。主成分分析得出的各指标的权重分别为：学前教育的师生比权重为 0.2847，围产儿死亡率指标的权重为 0.204，5 岁以下儿童中重度营养不良比重的权重为 0.2787，学前教育教师中学历为本科及以上的人员的比重的权重为 0.2326。幼儿人口发展质量指数由四个指标加权汇总。分析 2013—2019 年数据可知：一是增长速度地区不均衡。北京市、天津市、上海市、吉林省、黑龙江省、辽宁省、江苏省等省市人口出生率偏低，河北省、安徽省、福建省、江西省、山东省、广西壮族自治区、海南省、贵州省、云南省、西藏自治区、青海省、宁夏回族自治区和新疆维吾尔自治区等省（自

治区）人口出生率较高。二是发展质量地区不均衡。北京市和上海市的幼儿人口发展质量明显处于较高水平，基本接近发达国家水准。天津市、江苏省、浙江省等省市幼儿人口发展质量处于比较高的水平，广西壮族自治区、西藏自治区、青海省、宁夏回族自治区在幼儿发展质量方面处于较低的水平。三是幼儿人口增长速度与发展质量不匹配。运用SPSS 软件对各地区质量指数与速度指数进行 K-均值聚类分析，将地区划分为五类：第一类为速度指数比较低、质量指数非常高的地区，具体包括北京市和上海市；第二类为质量指数比较高、速度指数非常低的地区，具体包括天津市、辽宁省、吉林省、黑龙江省；第三类为质量指数较低、速度指数处于一般水平的地区，具体包括河北省、安徽省、福建省、江西省、山东省、河南省、湖南省、广东省、海南省、贵州省、云南省、甘肃省、青海省、宁夏回族自治区、新疆维吾尔自治区等省、自治区；第四类为质量指数非常低、速度指数非常高的地区，具体为广西壮族自治区和西藏自治区；第五类为质量指数较高、速度指数处于比较低水平的地区，具体为山西省、内蒙古自治区、江苏省、浙江省、湖北省、重庆市、四川省、陕西省。具体数据见表 6-2。

表 6-2　2013—2019 年各地区幼儿人口增长速度与发展质量数据均值

地区	人口出生率（‰）	5 岁以下儿童中重度营养不良比重（%）	围产儿死亡率（‰）	学前教育教师中学历为本科及以上的人员的比重（%）	学前教育的师生比	质量指数	速度指数	等级
北京市	8.77	0.17	3.40	0.42	10.92	0.87	0.27	1
天津市	7.25	0.39	6.53	0.50	14.25	0.80	0.15	2
河北省	12.18	2.12	3.84	0.19	19.76	0.56	0.54	3
山西省	10.26	0.91	6.61	0.23	17.33	0.64	0.39	5

续表

地区	人口出生率（‰）	5岁以下儿童中重度营养不良比重（%）	围产儿死亡率（‰）	学前教育教师中学历为本科及以上的人员的比重（%）	学前教育的师生比	质量指数	速度指数	等级
内蒙古自治区	8.73	0.66	5.59	0.35	14.04	0.75	0.27	5
辽宁省	7.63	0.77	6.31	0.18	12.47	0.70	0.18	2
吉林省	6.12	0.28	6.64	0.29	13.61	0.74	0.06	2
黑龙江省	6.33	1.31	6.09	0.25	13.53	0.68	0.08	2
上海市	7.78	0.15	2.20	0.70	13.59	0.95	0.19	1
江苏省	9.41	0.57	3.39	0.43	17.44	0.77	0.32	5
浙江省	10.82	0.50	4.00	0.34	14.69	0.77	0.44	5
安徽省	12.88	0.64	3.94	0.18	23.40	0.59	0.60	3
福建省	13.63	0.96	4.56	0.19	17.68	0.65	0.66	3
江西省	13.27	2.42	2.89	0.10	17.92	0.55	0.63	3
山东省	14.09	0.92	4.21	0.19	15.21	0.69	0.70	3
河南省	12.39	1.62	3.83	0.14	20.30	0.56	0.56	3
湖北省	11.60	1.19	4.26	0.15	19.27	0.60	0.50	5
湖南省	12.86	1.31	4.83	0.11	20.29	0.56	0.60	3
广东省	11.93	1.68	4.61	0.12	15.05	0.61	0.52	3
广西壮族自治区	14.11	3.99	6.76	0.14	24.18	0.33	0.70	4
海南省	14.34	3.12	4.49	0.14	16.53	0.51	0.72	3
重庆市	10.93	0.95	4.09	0.16	20.52	0.61	0.44	5
四川省	10.56	1.17	3.91	0.15	21.49	0.58	0.41	5
贵州省	13.43	1.23	5.04	0.19	20.05	0.59	0.64	3
云南省	12.96	1.96	6.53	0.23	22.04	0.52	0.61	3

续表

地区	人口出生率（‰）	5岁以下儿童中重度营养不良比重（%）	围产儿死亡率（‰）	学前教育教师中学历为本科及以上的人员的比重（%）	学前教育的师生比	质量指数	速度指数	等级
西藏自治区	15.56	3.47	16.03	0.31	24.81	0.28	0.81	4
陕西省	10.46	0.94	4.05	0.24	15.83	0.69	0.41	5
甘肃省	11.87	1.24	7.26	0.35	19.91	0.61	0.52	3
青海省	14.38	1.89	7.00	0.20	21.35	0.51	0.72	3
宁夏回族自治区	13.29	0.62	7.76	0.18	19.47	0.60	0.63	3
新疆维吾尔自治区	13.99	1.88	12.74	0.23	21.24	0.44	0.69	3

（二）幼儿人口增长速度与发展质量存在边际替代效应

从2013年到2019年，我国在幼儿人口增长速度与发展质量方面采取了一系列政策举措。在人口增长速度方面，2013年，党的十八届三中全会决定启动实施“单独二孩”政策，2015年党的十八届五中全会决定“全面实施一对夫妇可生育两个孩子的政策”。在发展质量方面，《中华人民共和国国民经济和社会发展第十二个五年规划纲要（2011—2015年）》《中华人民共和国国民经济和社会发展第十三个五年规划纲要（2016—2020年）》均将幼儿健康与教育纳入发展规划之中。党的十九大报告提出“幼有所育”的方针。2015年，《中共中央　国务院关于打赢脱贫攻坚战的决定》中对教育与健康扶贫都有所侧重。增进人口速度与发展质量的系列举措对幼儿人口增长速度与发展质量在一定程度上都产生积极效应。一是人口政策产生了短期的刺激效应。随着人口政策的放开，人口出生率得到了一定的提升，31 个省（自治区、直辖市）的耦合度在 2014 年和 2016 年都得到不同程度的上升。尤其是人口出生率低的地区，如北京、上海、天津、辽宁等省市增长较为明显。二是长期看大部分地区人口出生率处于下降趋势。与 2018 年相比，大部分省（自治区、直辖市）2019 年的人口出口率都有所下降。三是耦合度得到了一定提升。在我国各项政策刺激下，2019 年，大部分省区市耦合度水平比 2015 年略有提升（具体数据见表 6-3）。

表 6-3　2013—2019 年 31 个省（自治区、直辖市）幼儿人口增长速度与发展质量的耦合度、发展度与协调度

地区		D 值							C 值均值	T 值均值
		2013 年	2014 年	2015 年	2016 年	2017 年	2018 年	2019 年		
第一类地区	北京市	0.57	0.63	0.5	0.6	0.59	0.53	0.52	0.65	0.48
	上海市	0.47	0.57	0.45	0.6	0.53	0.38	0.42	0.57	0.42
第二类地区	天津市	0.5	0.5	0.21	0.43	0.46	0.36	0.36	0.48	0.34
	辽宁省	0.41	0.53	0.37	0.45	0.48	0.38	0.37	0.52	0.35
	吉林省	0.03	0.33	0.21	0.13	0.35	0.34	0.25	0.29	0.19
	黑龙江省	0.34	0.39	0.23	0.25	0.27	0.24	0.18	0.34	0.22
第三类地区	河北省	0.63	0.65	0.6	0.65	0.69	0.63	0.62	0.75	0.55
	安徽省	0.64	0.66	0.68	0.69	0.74	0.69	0.69	0.79	0.6
	福建省	0.66	0.72	0.74	0.76	0.79	0.74	0.73	0.83	0.65
	江西省	0.65	0.65	0.66	0.68	0.7	0.7	0.68	0.78	0.59
	山东省	0.65	0.76	0.71	0.87	0.87	0.75	0.69	0.84	0.68
	河南省	0.63	0.65	0.66	0.68	0.69	0.64	0.62	0.76	0.56
	湖南省	0.66	0.67	0.68	0.69	0.7	0.66	0.59	0.77	0.57
	广东省	0.6	0.6	0.62	0.65	0.73	0.7	0.69	0.76	0.57
	海南省	0.65	0.66	0.69	0.71	0.73	0.72	0.68	0.79	0.61
	贵州省	0.63	0.65	0.68	0.71	0.74	0.74	0.76	0.8	0.62

续表

地区		D值							C值均值	T值均值
		2013年	2014年	2015年	2016年	2017年	2018年	2019年		
第四类地区	广西壮族自治区	0.54	0.51	0.54	0.57	0.6	0.59	0.6	0.67	0.48
	西藏自治区	0.29	0.41	0.44	0.57	0.65	0.7	0.67	0.62	0.46
第五类地区	山西省	0.59	0.6	0.57	0.59	0.64	0.57	0.55	0.69	0.5
	内蒙古自治区	0.53	0.56	0.45	0.55	0.59	0.51	0.51	0.63	0.45
	江苏省	0.57	0.57	0.56	0.6	0.61	0.59	0.58	0.68	0.5
	浙江省	0.6	0.63	0.64	0.69	0.72	0.69	0.67	0.76	0.58
	湖北省	0.6	0.64	0.59	0.66	0.68	0.65	0.65	0.75	0.55
	重庆市	0.56	0.58	0.61	0.65	0.63	0.64	0.62	0.72	0.52
	四川省	0.51	0.55	0.56	0.58	0.63	0.63	0.62	0.69	0.49
	陕西省	0.56	0.59	0.59	0.63	0.66	0.65	0.65	0.72	0.53
其他地区	云南省	0.56	0.59	0.59	0.63	0.66	0.65	0.65	0.72	0.53
	甘肃省	0.63	0.65	0.67	0.66	0.69	0.64	0.63	0.76	0.56
	青海省	0.58	0.62	0.68	0.71	0.73	0.76	0.74	0.78	0.6
	宁夏回族自治区	0.67	0.68	0.66	0.7	0.72	0.72	0.76	0.8	0.61
	新疆维吾尔自治区	0.65	0.67	0.67	0.67	0.67	0.55	0.44	0.72	0.53

根据质量指数与速度指数划分的五类地区在2013—2019年的耦合度变化呈现了不同的发展趋势。第一类和第二类地区质量指数明显高于速度指数，两个区域耦合度变化趋势呈曲线形态。第一类地区波动较大。幼儿人口增长速度处于比较低的水平，因速度指数增长所带来的耦合度边际增长效应比较高。该类地区幼儿发展质量非常高，因质量提升

带来的耦合度增长边际效应较低。在人口政策刺激下，2014 年和 2016 年第一类地区耦合度得到了显著提升。但“单独二孩”和“全面二孩”政策刺激效应有限，并没有完全改变幼儿人口出生率总体下降的趋势。因此，2019 年，即使在发展质量提升的背景下，耦合度水平仍处于下降趋势。该类地区幼儿发展质量提升实际进入了“内卷化”阶段，即在发展质量上进行的投入对区域幼儿人口速度与质量耦合度水平的提升作用极其微小，难以抵消因人口增长速度指数降低带来的耦合度边际水平的下降，未来呈下降趋势。第二类地区波动最大。人口增长速度指数非常低，因人口政策放松带来的人口数量增长速度对地区耦合度产生的边际增长效应非常显著。但是这种刺激效果持续时间较短，人口增长总体上处于“低生育陷阱”状态。幼儿发展质量提升带来的地区耦合度水平边际增长效应难以抵消因幼儿人口增长速度降低带来的地区耦合度水平边际减少效应，从发展趋势来看也呈下降趋势。

第三类地区属于波动较小地区。该类地区幼儿人口增长速度与发展质量都处于一般水平，无论是速度还是质量的提升都能对耦合度水平产生较强的边际增长效应。除新疆维吾尔自治区因为人口出生率下降较快导致耦合度波动较大之外，其他地区基本上呈均衡上升趋势。人口政策放松导致的短时间人口速度增长效应会提升耦合度水平，所以在 2014 年和 2016 年第三类地区的耦合度水平均略有上升。因幼儿人口增长速度减少带来的耦合度边际降低效应与因发展质量提升带来的边际水平提升基本上是相当的。因此，该类地区人口出生率虽然略有下降，但因幼儿发展质量提升在一定程度上抵消了人口出生率下降带来的耦合度边际下降水平，因此第三类地区总体上波动较小。

第四类地区耦合度总体呈上升趋势。该类地区质量指数非常低。因质量指数提升带来的地区耦合度边际增长效应较大，所以速度指数提升或降低带来的耦合度边际增长或降低效应较小。由于该类地区人口增长速度处于非常高的状态，人口速度增长或减少带来的耦合度边际增长或减小效应较低，因此该类耦合度变化受到人口政策刺激作用有限，以致耦合度在人口政策刺激节点前后没有出现较大的起伏。因发展质量提升带来的边际水平提升大于因幼儿人口增长速度减少带来的耦合度边际降低效应，因此，该类地区耦合度整体上处于上升趋势。

第五类地区耦合度有一定波动。该类地区人口增长速度指数较低，质量指数较高，因发展质量提升带来的边际水平提升明显小于因幼儿人口增长速度减少带来的耦合度边际降低效应。所以，该类地区受人口政策刺激会产生一定波动效应。由于人口出生率水平处于下降趋势，质量提升难以抵消人口出生率下降对耦合度的影响，因此，该类地区整体耦合度水平处于下降趋势。

五类地区人口发展路径显示：一是存在“边际效应”。无论是幼儿人口增长速度还是发展质量变化对幼儿人口发展的耦合度边际影响都遵从边际效应递减原理。我国大部分地区的人口增长速度对人口发展耦合度产生的边际效应比较大。二是存在“替代效应”。人口增长速度与发展质量之间存在一定的替代关系。增长速度达到一定的阈值之后，其对发展质量的替代越来越低，如广西壮族自治区、西藏自治区。发展质量达到一定的阈值之后，发展质量对增长速度替代越来越低，如北京市、上海市等地区。三是存在“区域效应”。五类地区的幼儿人口增长速度与发展质量差异比较大。从幼儿人口增长速度与发展质量耦合度的区域发展来看，南方地区总体优于北方地区，西部地区总体优于东部地区。四是存在“锁定效应”。北京市、上海市、天津市以及东北地区，人口增长速度比较慢，人口放松政策对其短期产生一定的冲击效应，但并没有改变其增长速度慢的长期态势，即存在一定的路径“锁定”。

通过对地区幼儿人口增长数量与发展质量耦合度分析，可以得出如下结论：一是纯粹依靠人口政策刺激的作用有限。“单独二孩”和“全面二孩”政策仅在短时间内提升了人口增长数量，但并没有改变人口出生率长期下降的趋势。二是幼儿人口发展质量整体处于上升趋势。除北京市、上海市等地的幼儿人口发展质量进入“内卷化”通道，其他地区幼儿人口发展质量的提升都会不同程度地提升耦合度水平，尤其是幼儿人口发展质量非常低的地区因幼儿人口发展质量提升会显著提升地区幼儿人口耦合度水平，如广西壮族自治区和西藏自治区。三是因幼儿人口增长数量下降对地区幼儿人口增长数量与发展质量耦合度产生的边际降低效应递增。人口出生率下降，尤其是在人口出生率低的地区，会显著降低幼儿人口增长数量与发展质量的耦合度，使整个地区的耦合度进入下降通道。五类地区中有三类地区因人口增长数量下降带来的地区耦合度边际下降水平会明显大于因幼儿人口质量增长带来的地区幼儿人口耦合度边际上升水平。根据上述结论，为全面推进我国人口长期均衡发展，走出一条从享受人口数量红利向创造人口质量红利转变的人口发展道路，建议统筹推进政策体系的完善。

第七章

优化人口长期均衡发展加快推进我国儿童福利体系建设

随着我国开启全面建设社会主义现代化国家新征程，需要从经济社会发展全局高度和国家中长期发展层面谋划人口发展，以系统思维和整体布局最大限度地发挥人口要素对社会经济发展的支撑作用，这也必然需要进一步健全儿童福利政策，促进我国走出一条从享受人口数量红利转向创造人口质量红利的发展道路。

一、完善中国儿童福利体系的迫切性和必要性

加强儿童社会福利顶层设计，重构儿童福利体系，是时代和社会发展的客观要求。中国儿童福利建设应当放在事关中国未来长远发展的战略高度来定位，放在中国人口结构转变、社会快速转型、人力资源建设的新形势下来认识。

（一）充分认识建设儿童福利制度的必要性

加强儿童社会福利顶层设计，重构儿童福利体系，是时代和社会发展的客观要求。

1. 完善儿童福利体系是应对社会风险的客观要求

新中国成立 70 多年来，中国共产党带领全国各族人民不断战胜各种困难挑战，经受各种风险考验，走过了极不平凡的光辉历程，在经济

社会发展方面取得了举世瞩目的伟大成就，也积累了丰富的宝贵经验。然而，不断变化的社会结构也给中国带来了相应的挑战。收入分化、特殊群体的脆弱性、婚姻关系不稳定等问题对社会稳定构成严峻挑战，人们对生存、权利保护和适应性发展的需求越来越强烈。作为社会成员的重要构成，儿童既要面临传统社会风险，又面临着新的社会风险加大的挑战。一是在现代社会中，因失去监护人、遭受遗弃、残疾等传统因素导致的特殊儿童群体依然存在。二是随着社会转型，在市场化改革带来的生存压力下，传统的社会支持网络仍存在不足之处，家庭保障功能弱化，尤其是家庭结构向小型化发展，削弱了家庭对儿童的养育和照顾功能。与此同时，传统家庭对儿童监护和养育的行为具有相对独立性，由于国家保障和干预仍存在不到位之处，造成儿童监护不力、遗弃、家庭暴力等问题时有发生。在现代社会条件下，迫切需要国家（政府）既承担起对传统困境儿童的养育监护责任，又要出面援助家庭并监督其依法履行监护行为。

2. 完善儿童福利体系是提高人口素质的战略选择

中国虽然是世界上人口最多的国家，但人口出生率下降和人口总体寿命的延长，带来了儿童人口数量相对比例的下降，也预示着未来中国劳动力供给将呈下降趋势，带来的直接影响是“人口红利”时代的提前终结。长期以来，由于农村地区教育、医疗、公共服务水平相对落后，导致农村儿童综合素质相对较低。在新的人口形势下，中国要从一个人口数量大国转变为人才质量强国，必须注重对儿童的投资和对儿童素质的提高。特定时期的独生子女政策造成多数家庭只育有一个孩子，独生子女家庭在经济、生理、心理上相对脆弱，单纯依靠这部分家庭自身对子女提供全方位的抚养和人力资本的投资已经不能适应社会需要，应当由国家和社会提供教育、医疗等方面的支撑和扶持。此外，国家对儿童的投资不仅可以避免部分家庭监护缺失儿童因缺乏必要的福利保障和社会保护而成为问题人群，更重要的意义在于向面临生存和发展障碍的儿童提供必要的帮助与扶持，不仅可以使问题儿童成为社会有用之才，而且有可能促使一大批儿童将来从低端劳动力转向高素质的劳动力。

3. 完善儿童福利体系是加强儿童保护的客观需要

近年来，我国以孤残儿童为主要目标人群，以养育、康复、教育、医疗为主要内容的儿童福利事业取得了较大发展，但是同时也应看到，我国的儿童福利体系建设尚在发展的起步阶段。从“量”上看，在福利的免费性方面，现阶段国家福利覆盖的对象主要是失去监护人的困境儿童（包括孤儿、弃儿）、监护缺失或监护能力不足家庭的儿童（包括低保家庭儿童、事实无人抚养儿童），以及其他特殊儿童（包括受艾滋病影响儿童、贫困女童）；福利服务的主要内容是保障基本生活，提供养育服务、康复医疗、教育等；从“质”的方面看，福利服务供给水平较低，儿童福利功能机构不健全、专业化水平不高。在这种情况下，孤儿保障方面存在事实无人抚养儿童监护缺失，民间收养缺乏监管和规范，儿童侵权事件无法杜绝，儿童福利的国家供给存在显著缺口。随着我国工业化、城镇化的发展，以及市场化带来的社会自主空间的扩大，失业的常态化、人口的频繁流动不可避免，这些社会问题的发生往往具有内在关联性，对儿童的福利和权益保护也带来了新的挑战，亟待建立健全针对儿童权益保护的有效干预和福利保障体系。

（二）具备了完善儿童福利体系建设的制度基础

1. 具备建立儿童福利制度的经济基础

国家统计局发布的《中华人民共和国2021年国民经济和社会发展统计公报》显示，2021年，我国经济规模突破110万亿元，达到114.4万亿元，稳居全球第二大经济体。人均国内生产总值突破8万元，达到80976元，按年平均汇率折算达12551美元，超过世界平均水平。从相对指标上看，儿童福利支出占社会服务总支出的比重为1.20%，占社会保障和就业支出的比重为0.36%，占财政支出的比重不足0.04%。从理论上看，政府对于儿童照顾工作具有不可推卸的责任，但是家庭成员的流动性、照顾失灵的复杂性、政府福利资源的有限性，决定了政府虽有责任却缺乏相应制度安排，国家在儿童福利制度安排及儿童福利设施建设中财政支持的力度有待进一步加强。从国际经验看，政府直接提供财政支持或者通过购买服务方式提供资金支持，是儿童保护和儿童福利制度得以运转的关键。

2. 具备完善儿童福利制度的人口基础

影响儿童福利政策的因素是多方面的，其中很重要的一个因素是依赖人口比率，即成年生产人口与儿童依赖人口的比率。我国计划生育政策的推行，有效地降低了人口出生率，导致少儿抚养比逐渐下降。有学者预测，未来中国少儿抚养比还将显著下降，但是，人口老龄化的加快又带来了老年抚养比的显著上升。儿童抚养比意味着投资，老年抚养比却是还债。儿童人口数量的减少造成后续年轻劳动力供给不足，进而将造成老年抚养比较快上升。目前，中国老年抚养比的上升速度显著低于少儿抚养比下降速度，但老龄化的加剧决定了这样一个变化阶段不会维持很长时间。

在目前人口总抚养比有所下降，老年人口抚养比尚未突破极限的条件下，提高儿童福利水平机不可失。从国外的经验看，从儿童福利的发展到儿童向生产力人口的转变将有 10 年左右滞后期，应当赶在老年人口抚养比大规模上升之前，尽快完善儿童福利相关制度建设，逐步扩大儿童福利覆盖范围，并增加对儿童的福利投入，为应对未来人口抚养比上升压力打牢基础。同时，从经济发展角度入手，我国完全有条件先为各类困境儿童提供较高水平的福利保障。20 世纪 80 年代，发达国家每 100 名成年人约需照顾 40 个左右的儿童，即使在儿童抚养比较高的情况下，仍然建立了相对完善的儿童福利制度。目前我国少儿抚养比远低于发达国家的同期水平，与改革开放之前相比，我国综合经济实力已有了巨大的提升，在儿童福利制度建设方面也具备了更多有利的条件。

二、儿童福利体系建设基本原则

儿童福利体系建设是一项长期而复杂的工程。党的十九届六中全会强调“必须以保障和改善民生为重点加强社会建设，尽力而为、量力而行”，这为新时代儿童福利体系建设的方法提供了根本遵循。

（一）坚持突出重点

只有坚持以保障和改善民生为重点，才能保障民生建设的根本方向。首先，要抓住重点民生问题。资源稀缺性以及民生发展的长期性和复杂性，要求不能“眉毛胡子一把抓”，而应重点解决人民群众最关心最直接最现实的利益问题。因此，要通过摸底调查，分析人民群众在托幼、学前教育、假期等方面面临的困境，坚守底线，突出重点，引导预期和精准施策。其次，要注重扩面提质。我国儿童福利体系建设制度框架已基本形成，今后工作应注重扩面提质，加强普惠性、基础性、兜底性民生制度建设。要通过覆盖普惠性制度设计，保障儿童的社会权益；通过基础性的服务保障与设施建设，提高基本公共服务均等化水平；通过兜底性的制度保障，织牢织密社会安全网。最后，要重视新问题。儿童福利体系建设是一项系统工程，不仅受到系统内部要素的影响，而且还受人口、经济和科技等因素的影响。因此，要适应人口少子化和科技发展新趋势，重点发挥儿童福利的人口效应。适应经济新形态，重点创新母职就业支持方式。适应科学技术新发展，重点发挥科技对儿童发展的赋能作用。

（二）坚持尽力而为

谁把人民放在心上，人民就把谁放在心上。新时代儿童福利体系建设过程中，我们党必须牢记全心全意为人民服务的根本宗旨，坚持人民主体地位，坚持共同富裕方向，发挥主观能动性，尽力而为。党的十八大以来，我国集中力量历史性地解决了绝对贫困问题，取得抗疫斗争重大战略成果，鲜明阐释了集中力量办大事是我国国家制度和国家治理体系的一项显著优势。因此，新时代要动员全社会力量，统一思想，攻克儿童福利体系建设的坚中之坚、解决儿童福利体系建设的难中之难，为教育强国、平安中国和健康中国建设提供坚实支撑。同时，要竭政府之力统筹推进。儿童福利体系建设涉及部门之间、区域之间以及不同层级部门的协调整合。部门如果走独自建系统、建设施和提供服务的道路就会导致资源浪费、功能单一和数据沉冗等问题。新时代儿童福利体系建设要打破部门分割，通力合作促进资源和数据共享；优化公共服务设施布局，推动区域共建共享；整合资源，推动纵向合作的服务模式建设。最后，要统人民之力持续发展。人民群众是创造历史的主体，在我们党领导人民群众推进社会建设中，涌现了“枫桥经验”等基层治理样板。新时代儿童福利体系建设要厚植党员干部胸怀、人民群众情怀，倾听人民呼声，回应人民期待，营造崇尚劳动、尊崇劳动者的社会氛围，鼓励劳动与就业，避免福利依赖。

（三）坚持量力而行

主观能动性与客观规律性是辩证统一的。儿童福利体系建设的尽力而为体现了主观能动性，量力而行则体现要尊重客观规律。违背客观规律性，儿童福利体系建设就会陷入形而上学的泥坑。新时代民生建设，首先，要适应经济社会发展。儿童福利体系建设要与经济社会发展水平相适应。超越或滞后经济社会发展水平都会制约儿童福利体系建设发展。如曾轰动全国的神木“全民免费医疗”模式因超越当地经济发展水平最后难以为继。要在清晰认识到我国仍然是世界上最大的发展中国家，在人均 GDP 仅略超世界平均水平这一基本国情的基础上，统筹推进儿童福利体系建设。其次，要遵循社会福利规律。社会福利具有刚性发展规律，降低福利会导致社会不稳定。西方福利国家社会保障体系虽已建立了几十年，但在国际金融危机、疫情高峰期几乎陷入崩溃，这一现象值得警惕。儿童补助、儿童津贴、税收减免、照顾体系建设、相关假期的安排等都应根据财政能力、发展承载力、社会敏感性、经济增长趋势等因素科学界定。最后，要依据发展原理。事物发展遵循从量变到质变的发展规律。儿童福利体系建设领域如急于求成，就只能适得其反。新时代儿童福利体系建设要以发展规划为统领，“一件事情接着一件事情办，一年接着一年干”，逐步增进人民福祉；以人民群众认同度为基础，优化政策，首要是降低育儿成本，逐步增强人民的获得感、幸福感和安全感；以促进公平的收入分配体系为目标，科学设计税收减免制度，充分发挥税收的社会政策功能。儿童福利体系建设只有在发展经济的基础上，依靠群众，稳步推进，才能积量变为质变。

三、推进儿童福利体系建设的重要措施

坚持系统观念，是党的十九届五中全会提出的“十四五”时期经济社会发展必须遵循的原则之一。为解决儿童福利体系“碎片化”困境，建议从以下几个方面加强。

（一）加强顶层设计，全面推进儿童福利立法

现阶段我国涉及儿童福利相关的法律有《中华人民共和国刑法》《中华人民共和国民法典》《中华人民共和国未成年人保护法》《中华人民共和国反家庭暴力法》《中华人民共和国预防未成年人犯罪法》等，这些法律法规均从“儿童伤害最小化”原则入手对儿童成长环境优化进行规定。《国务院办公厅关于加强孤儿保障工作的意见》《国务院办公厅关于加强和改进流浪未成年人救助保护工作的意见》《民政部　财

政部关于发放艾滋病病毒感染儿童基本生活费的通知》《教育部等部门关于建立中小学校舍安全保障长效机制意见的通知》《民政部等部门关于进一步做好弃婴相关工作的通知》《民政部办公厅关于实施孤儿助学工程的通知》《最高人民法院　最高人民检察院关于依法处理监护人侵害未成年人权益行为若干问题的意见》《国务院关于加强农村留守儿童关爱保护工作的意见》《国务院关于加强困境儿童保障工作的意见》《关于进一步加强事实无人抚养儿童保障工作的意见》《中共中央　国务院关于优化生育政策促进人口长期均衡发展的决定》等文件对特殊群体儿童福利以及托育等方面进行规定。这些法律法规和文件，对儿童福利体系建设具有重要作用，但一方面《中华人民共和国未成年人保护法》等法律都属于实体法，操作性不强，另一方面具有一定操作性的法律法规，又尚未形成较完整的法律体系和完善的行政制度，因此，实践中经常出现儿童定义不清、法律依据模糊等问题。然而，国际上通用的方法是通过制定儿童福利法来解决家庭育儿功能弱化困境，如英国的《妇女及儿童福利法》（1918 年），日本的《儿童福利法》（1947 年）等。本书建议全面推进儿童福利法，加强顶层设计，对儿童福利的优生保障、养育保障、教育保障、儿童津贴、福利服务、公益慈善等内容，以及相关主体及其责任、经费来源、管理和监督体制等相关事宜进行明确规定。从制度上解决法律和部门“碎片化”问题，增进儿童与家庭福祉，全面解决“有法可依”的问题。从源头上系统开展儿童福利体系建设，加强协同联动，强化实体、管理和科学技术等各种要素的协同治理，推动生育、养育、教育一体化，补助、实物与服务整体化，政府、社会与家庭的协作化，增强各项举措的关联性和耦合性。

（二）降低养育成本，助力积极生育政策

《中共中央　国务院关于优化生育政策促进人口长期均衡发展的决定》要求围绕“降低生育、养育、教育成本”提供政策支持。因此，儿童福利政策应以降低养育成本，推进积极生育政策体系为主要目标。围绕目标，建议从以下几个方面加强：一是建立分类分级儿童补助制度。短期以建立营养与教育补助为主，长期向儿童津贴制度发展。建议建立婴幼儿营养补助制度，根据当地城乡生活水平、儿童成长需要和财力状况，科学合理确定本地区“一胎”“二胎”“三胎”营养补助递进标准与补助年限。优化幼儿园和义务阶段的学生补助、交通补助和食宿补贴制度，重点向相对落后地区、相对贫困家庭和大型家庭倾斜，分类分级设计补助标准，动态调整。二是建立多层次的托幼服务体系。推动以家庭为基础、社区为依托、机构为补充的托幼服务体系建设。发挥城乡社区公共服务设施的婴幼儿照护服务功能，支持和引导社会力量依托社区提供普惠性婴幼儿照护服务。加大对农村和贫困地区婴幼儿照护服务的支持，推广婴幼儿早期发展项目。开展婴幼儿照护服务示范创建活动，引导建设一批管理规范、服务模式可复制的示范单位，扩大公益性、普惠性婴幼儿照护服务供给。鼓励社会力量利用美团等互联网平台开展临时照护服务。发展家庭照护、社区统筹、社会兴办、单位自建、幼儿园办托班等多种服务模式，不断满足群众多样化、多层次的婴幼儿照护服务需求。制定婴幼儿照护服务机构备案工作指引，多渠道、多形式宣传婴幼儿照护服务机构备案工作，动员婴幼儿照护服务机构及时按照要求进行备案。三是加强生育友好的政策设计。加强住房政策支持，建立支持大型家庭的住房保障政策，公租房和廉租房优先保障大型家

庭。加强教育政策支持，鼓励推进干部教师轮岗交流，力争实现区域内校长、教师交流轮岗制度化、常态化；将多子女照顾纳入学位分配的因素，尽可能保障多子女家庭能就近入学和入同一所学校；改进校内教学质量和教育评价，将学生参加课外培训频次、费用等情况纳入教育督导体系；引导学校利用校本资源，打造“一校一特色”的综合社会实践品牌，促进学生全面发展。加强就业政策支持，反对就业歧视，适当延长父母亲育儿假，鼓励机关单位企业建立弹性工作制。

（三）赋能家庭，提升家庭发展能力

习近平总书记指出：“无论时代如何变化，无论经济社会如何发展，对一个社会来说，家庭的生活依托都不可替代，家庭的社会功能都不可替代，家庭的文明作用都不可替代。”① 家庭是儿童成长的摇篮，家庭发展能力是我国人口高质量发展的关键。建议从以下几个方面加强家庭发展能力：一是提升优生优育能力。普及出生缺陷防治知识，减少环境危险因素对健康孕育的影响。加强婚前孕前保健，推广婚姻登记、婚前医学检查、生育指导、孕前保健“一站式”普惠性服务。加强对流动高危孕产妇专案管理，将高龄与高危孕妇增加的检查与治理费用纳入生育医疗保险报销。完善生育医疗费包干制度，试行将产后护理费与产后抑郁治疗费纳入报销范围。二是提升父母营养健康素养。运用个案、小组、社区等专业方式依托家庭、托育机构、幼儿园、学校、社区，加大预防疾病、及时就医、合理规范用药、合理膳食、应急避险、心理健康等系列的儿童健康知识和技能的训练，提高儿童、父母或其他

① 2016 年 12 月 12 日，习近平总书记在会见第一届全国文明家庭代表时的讲话 [EB/OL]. https://news.cctv.com/2016/12/15 [ARTI] mlxiYnoddxXTwik4zly161215.shtml.

监护人健康素养。三是提升家庭教育能力。推进学习型家庭建设，引导父母或其他监护人树立正确的成人成才观，自主学习家庭教育知识，充分了解不同阶段儿童身心发展特征，促进家校共育格局形成。

（四）建立稳定的公共资源投入机制，完善儿童福利服务网络

以税收和福利彩票公益金为主的公共资源是政府用于儿童福利事业发展的主要资金渠道。适应儿童福利保障的需求，根据经济社会发展水平，建立稳定的公共资源投入机制是儿童福利事业稳定发展的保证。一是要将儿童福利所需资金纳入各级财政预算，中央财政重点保障经济落后地区和特困儿童福利保障对资金的需求，地方财政优先将儿童福利发展所需要的建设经费、人员经费和各项儿童补（津）贴所需资金按照科学的量化标准纳入本级财政预算。二是根据属地管理原则，在省级以下财政预算安排上合理划定省、市、县（区）三级财政负担的比例，省级财政主要保障事业经费的投入，地市和县区财政主要负责机构建设和服务人员经费的投入。三是探索建立经费竞争性分配机制。用于儿童福利事业的公共资源除了通过政策性拨款的方式投入公办儿童福利机构和直接向各类儿童发放以外，还要以提高资源使用效益为目标，在儿童福利项目的资助、民办和各类社区儿童福利的资助上引入竞争性机制，以提高资源管理使用的透明度和效益。此外，未来的儿童福利应是面向家庭的，以需求为导向、以服务为核心的综合性保障和服务，必须在基层建立覆盖广泛的福利服务网络，才可能在福利服务的提供者与需求者之间建立良性的供需互动关系。要在横向上，加快建立满足儿童多样化、多层次需要的儿童福利机构网络，使儿童养育、康复、救助保护等不同功能的儿童福利机构覆盖到市、县（区）、乡镇（街道）；在纵向

上，以市、县（区）的儿童福利机构为原点，在乡镇（街道）设立儿童服务站，在城乡社区设立儿童福利信息员岗位，编织一张以点带面、连线成片、全面覆盖的儿童福利服务网络，使专业儿童福利服务向所有社区（村）有效延伸。

（五）创新治理机制，加强儿童成长风险防控

习近平总书记在湖北省武汉市考察疫情防控时表示，要着力完善城市治理体系和城乡基层治理体系，树立“全周期管理”意识。这一论述为社会风险治理提出了发展方向。根据“全周期管理”要求，建议从以下几个方面加强儿童成长风险防控机制建设：一是建立风险精准识别平台。借助大数据与精算的方式，提炼风险因素，依据伤害类型与风险关联分析结果，将儿童、家庭、机构、区域、时段评定为低度、中度和高度三个风险等级，并根据儿童风险监测保护数据库，长期跟踪和收集相关数据，不断矫正风险识别指标，增加风险识别指标的可信度和有效性。二是建立三级干预平台。加强源头治理，建立针对所有儿童的一级干预机制，以全体儿童为对象，依托学校和社区平台，加强法治宣传、健康教育、安全教育、技能学习与应急演练，并将相应教育纳入学校、社区与网络家长学校课程体系；加强精准治理，建立针对高风险地区、机构和家庭的二级干预机制，通过个案管理、动态监测和精准施策全面提升这类单位与人员的应对风险能力与水平，积极帮助高风险单位解决困境。加强危机管理，建立针对已经发生伤害事故的三级预防机制，基于儿童伤害最小化原则进行医疗、司法与心理介入，避免“二次伤害”。三是提升儿童服务专业化水平。加强儿童保护社会组织孵化，力争在“十四五”期间每个市、县

（区）至少有2家儿童社会组织。鼓励学校、医院应通过购买岗位等方式匹配儿童社会工作或心理工作岗位，提升专业化水平。加强儿童之家建设管理，开展示范儿童之家创建工作，推动儿童之家常态化、社会化运行。加强儿童社会工作人才队伍建设，建立健全儿童福利和儿童保护人才常态化培训机制。